Patientenverfügung

Vorsorgevollmacht
und Betreuungsverfügung

18. Auflage, Februar 2016, 216.–226.000 Exemplare

ISBN 978-3-86336-063-4
Printed in Germany
Gedruckt auf 100 % Recyclingpapier

Inhalt

5 Zu diesem Buch

1
11 **Möglichkeiten der Vorsorge**
16 Die Patientenverfügung
17 Die Vorsorgevollmacht
18 Die Betreuungsverfügung
22 Beratung und Unterstützung

2
27 **Patientenverfügung**
29 Patientenwille als Maßstab aller Entscheidungen?
37 Formelle Anforderungen
39 Inhalt der Verfügung
41 Verbindlichkeit der Verfügung
43 Aufbewahrung/Hinterlegung

3
45 **Vorsorgevollmacht**
47 Der Bevollmächtigte
52 Formelle Anforderungen an die Vollmacht
54 Bestätigung der Vollmacht durch Dritte
55 Inhalt der nach außen wirksamen Vollmacht
65 Inhalt der Vereinbarung mit dem Bevollmächtigten
69 Formelle Anforderungen an die Vereinbarung mit dem Bevollmächtigten
70 Aufbewahrung und Hinterlegung
72 Widerruf von Vollmacht und Vereinbarung mit dem Bevollmächtigten

4

79 **Betreuungsverfügung**
81 Formelle Anforderungen
82 Der Betreuer
84 Inhalt der Betreuungsverfügung
88 Wirksamkeit/Widerruf
89 Aufbewahrung/Hinterlegung
89 Kosten der Betreuung

5

91 **Ihre persönlichen Vorstellungen**

6

99 **Bausteine für Ihre Verfügungen**
102 Textbausteine für die Patientenverfügung
110 Textbausteine für die Vorsorgevollmacht
116 Textbausteine für Vereinbarung zwischen Vollmachtgeber und Bevollmächtigtem
121 Textbausteine für die Betreuungsverfügung

7

123 **Musterbeispiele**
124 Muster Patientenverfügung
130 Muster Vorsorgevollmacht
133 Muster Vereinbarung zwischen Vollmachtgeber und Bevollmächtigten
137 Muster Betreuungsverfügung

139 **Anhang**
140 Musterformulare
162 Adressen
166 Stichwortverzeichnis
174 Impressum

Zu diesem Buch

„Hoffentlich trifft es mich nie" – und dann ist es doch geschehen. Durch Krankheit, Unfall oder zunehmendes Alter ist eine Situation eingetreten, in der ein Mensch nicht mehr über seine medizinische Behandlung, über die Kündigung der Wohnung oder Geldausgaben selbstbestimmt entscheiden kann. Das müssen dann Angehörige, Ärzte oder Gerichte im Namen eines kranken oder sterbenden Menschen übernehmen. Diese Entscheidungen fallen sehr viel leichter, wenn diese Personen von den Wünschen der Betroffenen wissen.

Viele Menschen meiden die Nähe zu schwer Kranken und Sterbenden. Immer seltener werden diese von ihren Angehörigen im Alltag begleitet, die Betreuung pflegebedürftiger Angehöriger wird zunehmend von Profis in Pflegeeinrichtungen und Hospizen übernommen.

Manchem fällt es sehr schwer, sich mit Fragen des eigenen Sterbens oder der Vorstellung schwerwiegender körperlicher Beeinträchtigung auseinanderzusetzen. Körperliche Unversehrtheit und autonome Lebensführung bis zum Tod scheinen oft selbstverständlich zu sein.

Andere wiederum befürchten, während des Sterbens einer „technikgläubigen" Medizin qualvoll ausgeliefert zu sein, die den Tod um jeden Preis hinauszögert. Sie wollen Vorsorge treffen, um sich vor ungewollten Eingriffen und „unerträglichem Leiden" zu schützen.

In weiten Teilen der Bevölkerung wird in den letzten Jahren über Patientenverfügungen und andere Vorsorgemöglichkeiten diskutiert, um ein selbstbestimmtes Sterben in

Würde zu ermöglichen. Aber was ist ein würdevolles Sterben? Wird ein Mensch dies im Sterben genauso beurteilen wie zu gesunden Zeiten? Schlecht formulierte Patientenverfügungen können zu Rechtsunsicherheiten führen. Und auch erhebliche Risiken bergen: Wer die Tragweite der Ablehnung oder Befürwortung bestimmter medizinischer Maßnahmen am Lebensende nicht beurteilen kann, der läuft Gefahr, dass die eigene Patientenverfügung einer menschlichen Sterbebegleitung und Palliativmedizin (also lindernder, nicht heilender Medizin) sogar im Weg stehen kann.

Ängste und unrealistische Erwartungen sind schlechte Berater für die eigenen Entscheidungen. Vielmehr sind eine intensive Beschäftigung sowie ein ruhiger und kritischer Blick auf unseren Umgang mit schwerer Erkrankung, Sterben und Tod erforderlich. Gespräche in der Familie, mit Freunden, Ärzten und anderen können bei der Entscheidung über das eigene Vorgehen helfen. Vielleicht ergibt es sich bei solchen Begegnungen sogar, dass es neben der Abfassung einer Patientenverfügung genauso wichtig ist zu überlegen, wem man sich in schwierigen Zeiten von Krankheit und Sterben anvertrauen möchte. Und Sie können erfahren, wer sich fürsorglich und solidarisch um Ihre Belange kümmern mag.

Wir wollen Sie mit dem vorliegenden Ratgeber ermutigen, sich mit diesem Thema zu beschäftigen und sich diesem Lebensabschnitt zu öffnen. Er soll die Instrumente „Patientenverfügung", „Vorsorgevollmacht" und „Betreuungsverfügung" erklären und deren Verwendungsmöglichkeiten und Grenzen aufzeigen. Im Anhang bieten wir Ihnen dazu Vordrucke und Muster. Wir haben aber bewusst darauf verzichtet, Ihnen ein fertiges Formular für eine Patientenverfügung vorzulegen. Vielmehr möchten wir Ihnen mithilfe von Fragen Anregungen geben, sich über Ihre persönlichen Werte und Wünsche klar zu werden. Denn das allein zählt. Die Bausteine am Ende dieses Ratgebers können Sie dann dabei unterstützen, Ihren eigenen Vorsorgewunsch niederzuschreiben.

Mit der gesetzlichen Regelung der Patientenverfügung ist festgelegt, dass diese Verfügung schriftlich abgefasst sein muss, damit sie gültig ist. Es ist aber auch klar geregelt, dass eine Patientenverfügung für die behandelnden Ärzte verbindlich ist. Auch und gerade dann, wenn der Patient den Abbruch lebenserhaltender Maßnahmen wünscht. Und zwar unabhängig davon, ob die Situation lebensbedrohend ist. Dem Patientenwillen ist damit eine hohe Bedeutung zugemessen worden. Er soll allerdings nur dann gelten, wenn sich der Patient erkennbar mit der Lebens- und Behandlungssituation auseinandergesetzt hat. Umso wichtiger ist es, eine individuelle Verfügung zu erstellen, die deutlich macht, dass der Verfasser sich Gedanken über diese schwierigen Fragen gemacht und nicht nur ein Formular ausgefüllt hat.

Das Wichtigste in Kürze vorab: Patientenverfügungen müssen schriftlich erstellt werden. Sie können aber mündlich oder durch Gesten jederzeit widerrufen werden. Außerdem müssen sie eine konkrete Lebens- und Behandlungssituation betreffen. Es reicht also nicht aus, nur zu schreiben: „Ich will ein selbstbestimmtes Leben führen und nicht von Apparaten und Schläuchen abhängig sein.“

» Tipp

Textbausteine sowie Musterbeispiele und -formulare finden Sie in den Kapiteln 6, 7 und 8 des Buches.

✕ Sterbehilfe: Gesetzesänderung zum 1.1.2016

Im Dezember 2015 hat der Deutsche Bundestag eine Änderung des Strafgesetzbuches beschlossen. Die „geschäftsmäßige Förderung der Selbsttötung“ wird nun unter Strafe gestellt. Vereinen oder Einzelpersonen dürfen Beihilfe zum Suizid nicht als Dienstleistung anbieten. Damit gilt eine Regelung, wie sie in den meisten europäischen Ländern Gesetz ist. Erlaubt ist eine organisierte aktive Sterbehilfe aber in den Niederlanden, Belgien und Luxemburg. Die geschäftsmäßige Sterbehilfe ist somit in Deutschland verboten und wird mit bis zu drei Jahren Haft bestraft. Ausschlaggebend für eine Strafandrohung ist nicht, ob jemand mit der Hilfe zum Suizid Gewinn erzielen möchte, sondern ob die Hilfe zum Freitod dauernder und wiederkehrender Bestandteil der beruflichen oder wirtschaftlichen Tätigkeit ist.

Patientenverfügungen mit dem Ziel des Abbruchs der Behandlung können auch für Situationen getroffen werden, die nicht bereits unmittelbar zum Tod führen. Es kann also ein Abbruch lebenserhaltender Maßnahmen festgelegt werden für Behandlungssituationen, die eigentlich nicht tödlich verlaufen, etwa ein Wachkoma. Aktive Sterbehilfe ist jedoch weiterhin verboten und kann deshalb auch nicht in einer Verfügung erbeten werden. Der Bundesgerichtshof hat im Juni 2010 klargestellt, dass auch ein Behandlungsabbruch erlaubt ist. Hat ein Betroffener in einer Patientenverfügung etwa festgelegt, nicht durch eine Magensonde versorgt werden zu wollen, darf diese nicht gelegt werden, oder wenn dies bereits geschehen ist, muss sie entfernt werden. Kann sich ein Patient nicht mehr selbst äußern, muss sich sein Bevollmächtigter oder sein gerichtlich bestellter Betreuer an die Verfügung halten und sie gegenüber den Ärzten einfordern.

Hat ein Patient keine gültige Patientenverfügung, müssen sich Bevollmächtigter oder Betreuer mit dem Arzt über den mutmaßlichen Willen einigen. Dabei sollen auch Verwandte und Freunde hinzugezogen werden. Gelingt keine Einigung, wird das Betreuungsgericht eingeschaltet. Dritte, also Angehörige oder Freunde, können jederzeit das Betreuungsgericht anrufen, wenn sie meinen, dass der Patientenwille nicht umgesetzt wird.

Wie man die gesetzlichen Rahmenbedingungen für die eigene Patientenverfügung erfüllt, wollen wir im Folgenden beschreiben.

1

Möglichkeiten der Vorsorge

Jeder kann in eine Situation geraten, in der er nicht mehr selbstständig Entscheidungen treffen kann. Dann helfen Patientenverfügung, Vorsorgevollmacht und Betreuungsverfügung, mit denen sich wichtige Entscheidungen und Wünsche frühzeitig und verbindlich festlegen lassen.

Fallbeispiel 1

Michael Z. (31 Jahre, verheiratet, ein Kind) ist das Sinnbild des erfolgreichen Unternehmers. Er hat seine eigene kleine Werbeagentur aufgebaut, ist leidenschaftlicher Tennisspieler und fährt begeistert Motorrad. Nach einem gemeinsamen Fernsehabend mit einem Film über einen geistig und körperlich behinderten Mann äußert Herr Z. gegenüber seiner Frau, dass er sich solch ein Leben für sich nicht vorstellen könne.

Eines Tages hat Herr Z. einen Motorradunfall. An der Unfallstelle unternimmt der Notarzt alles medizinisch Mögliche, um das Leben von Herrn Z. zu retten. Später im Krankenhaus stellt sich heraus, dass er – abgesehen von einigen Knochenbrüchen und Schürfwunden – lebensbedrohliche Hirnverletzungen erlitten hat. Auch nach mehreren Wochen liegt er noch im Koma auf der Intensivstation. Er kann zwar selber atmen, muss aber über Infusionen ernährt werden und kann sich nicht äußern.

Für Frau Z. ist der Anblick ihres Mannes – hilflos und mit Schläuchen und Kabeln mit Maschinen verbunden – immer wieder erschreckend. Schließlich fragt sie die Ärzte, ob man „das Leiden" ihres Mannes nicht beenden könne. Aber die Ärzte erklären, dass keine klare Willensäußerung dazu vorliege, denn die vor Jahren getroffene allgemeine Bemerkung beim Fernsehen reiche für solch schwerwiegende Entscheidungen nicht aus. Herr Z. müsse in seiner derzeitigen Situation vermutlich keine Schmerzen ertragen und es bestünden durchaus Chancen, dass sich sein Zustand verbessere.

Tatsächlich erwacht Herr Z. aus dem Koma. Er hat zunächst kaum Kontrolle über seine Körperfunktionen. Das Schlucken fällt ihm schwer, es besteht die Gefahr einer zu geringen Nahrungs- und Flüssigkeitsaufnahme.

Die Ärzte schlagen vor, einen kleinen Schlauch durch die Bauchdecke direkt in den Magen zu legen (PEG-Sonde), da so auf die riskantere künstliche Ernährung über Infusionen verzichtet werden könne. Herr Z. stimmt diesem Vorschlag durch Kopfnicken zu.

Herr Z. verbringt noch sechs Monate in Krankenhäusern und Einrichtungen zur neurologischen Rehabilitation. Hier lernt er, wie er sich bewegen kann, wieder sprechen und auch vorsichtig schlucken. Die PEG-Sonde kann entfernt werden. Dennoch wird er bei einigen Dingen des täglichen Lebens immer Hilfe brauchen, seine Bewegungsfähigkeit und Koordination werden weder für Tennisspielen noch für Motorradfahren ausreichen. Aber er hat wieder Freude am Leben und entwickelt neue Interessen.

Herr Z. hätte aber auch anlässlich der Fernsehsendung eine Patientenverfügung aufsetzen können, in der er Folgendes festgelegt haben könnte: Falls er nach einem Unfall in ein Koma fallen würde, aus dem er – wenn überhaupt – nur mit Behinderungen aufwachen würde, die sein gewohntes Leben mit an Sicherheit grenzender Wahrscheinlichkeit unmöglich machen würden, er für diesen Fall keine weitere Behandlung wünsche und seinen Tod in Kauf nähme.

Nach der neuen Gesetzesregelung hätte diesem Wunsch durch die Ärzte gefolgt werden müssen, es wäre keine künstliche Ernährung mehr erfolgt und Herr Z. wäre nun tot.

Dieses Beispiel zeigt, wie weitreichend eine Patientenverfügung ist und wie schwierig es im Extremfall sein kann, eine Festlegung für sich zu treffen.

Fallbeispiel 2

Die 74-jährige Heidi K. lebt seit dem frühen Tod ihres Mannes vor über zwanzig Jahren allein in ihrer Genossenschaftswohnung. Frau K. versorgt sich selbst, geht gerne in den Zoo und besucht regelmäßig den Seniorentreff in ihrem Stadtbezirk. Zu ihrer einzigen Tochter hat sie ein gutes Verhältnis.

In letzter Zeit fällt der Tochter auf, dass Frau K. sich nicht an Verabredungen erinnert, Worte vergisst, ihr eigentlich vertraute Örtlichkeiten nicht mehr selbstständig wiederfindet, sinnlos Zeitschriften von einem Raum ihrer Wohnung in den anderen räumt und viel umherläuft. Schließlich kann sie nicht mehr für sich kochen und auch die Bedienung der Kaffeemaschine will ihr nicht immer gelingen. Mit viel Glück kann die Tochter, die zufällig vorbeikommt, einen Wohnungsbrand verhindern, nachdem Frau K. eine Plastikschüssel auf den Herd gestellt und die Herdplatte eingeschaltet hatte.

Frau K. wird mit ihrem Einverständnis in die Abteilung für Alterspsychiatrie (Gerontopsychiatrie) der örtlichen psychiatrischen Klinik gebracht und untersucht. Das Ergebnis: Alzheimer-Demenz. Schnell wird klar, dass Frau K. nicht länger allein in ihrer Wohnung leben kann. Da keine Vorsorgevollmacht vorliegt, Frau K. jedoch nicht mehr in der Lage ist, ihre eigenen Angelegenheiten zu besorgen, beantragt ihre Tochter beim Betreuungsgericht eine gesetzliche Betreuung. Zur medikamentösen und weiteren Behandlung der Demenz bleibt Frau K. noch einige Zeit in der Klinik. Ihrer Tochter gegenüber äußert Frau K. gelegentlich den Wunsch, nach Hause zurückzukehren, gleichzeitig scheint sie die gesellige Stimmung auf der Station, die gemeinsame Einnahme der Mahlzeiten zu genießen.

Als nach wenigen Wochen die gesetzliche Betreuung eingerichtet worden ist, suchen Tochter und Schwiegersohn einen Platz in einem Altenheim, weil sie die Versorgung von Frau K. nicht selbst übernehmen können. Man entschließt sich trotz höherer Kosten für ein Heim, in dem viel Wert auf Privatsphäre gelegt wird und eine Vielzahl von Sonderleistungen wie kostenlose Fahrdienste in die Stadt und regelmäßige Konzertabende geboten werden. Frau K. bekommt ein Einzelzimmer und kann sich – sofern sie dies wünscht – an gemeinsamen Aktivitäten beteiligen. In ihrer neuen Umgebung findet Frau K. sich jedoch nur schwer zurecht und ist unruhig. Auf den langen Fluren mit den gleichfarbigen Türen kann sie ihr Zimmer schlecht finden; die vielen verschiedenen Menschen (Bewohner und Pflegekräfte) verwirren sie. Besonders ruhelos wird sie an den wöchentlich stattfindenden Konzertabenden, an denen das Abendessen schon eine Stunde früher gereicht wird, um danach den Speisesaal aufwendig umzudekorieren. Einen entspannten Eindruck macht Frau K. dagegen bei den regelmäßigen gemeinsamen Mahlzeiten und vor allem, wenn sie beim Nachmittagskaffee Gesellschaft von ihrer Tochter oder Pflegerin Lisa hat.

Nachdem deutlich wird, dass Frau K. nicht mehr in ihre Wohnung zurückkehren wird, kündigt ihre Tochter mit Zustimmung des Betreuungsgerichts den Mietvertrag der Genossenschaftswohnung. Zu ihrer Entlastung beauftragt sie einen Unternehmer, damit dieser die Wohnung auflöst und die Möbel verwertet. Nach einem Jahr stirbt Frau K. Erst bei der Testamentseröffnung erfahren ihre Kinder, dass sie extra sehr sparsam gelebt hatte, um ihrem einzigen Enkel möglichst viel Geld zu vermachen, damit der studieren und die Welt bereisen könne. Außerdem wollte sie die inzwischen längst entsorgten Möbel aus ihrer Wohnung einem Obdachlosenasyl spenden.

Zwei Fallbeispiele, die zeigen, dass jeder Mensch durch Krankheit, Unfall oder zunehmendes Alter in eine Situation geraten kann, in der er nicht mehr Wünsche äußern oder Entscheidungen selbstständig treffen kann. Und wie es so zu Entwicklungen kommen kann, die nicht im Sinne der Betroffenen sind.

Rechtzeitig und selbstbestimmt vorsorgen

Wenn Sie für diesen Fall vorsorgen wollen, können Sie schon in gesunden Tagen entsprechende Vollmachten und Verfügungen aufsetzen: Dies sind die Patientenverfügung, die Vorsorgevollmacht und die Betreuungsverfügung.

Dabei handelt es sich jeweils um Regelungen, die zu Ihren Lebzeiten wichtig sind. Für die Dinge, die nach dem Tod gelten sollen, muss ein Testament verfasst werden. Da jedoch die Inhalte von Testament und vorsorgenden Verfügungen voneinander abhängig sein können, ist es sinnvoll, beides aufeinander abzustimmen.

Die Patientenverfügung

Die Patientenverfügung (fälschlicherweise oft auch als „Patiententestament“ bezeichnet) ist eine vorsorgliche Bestimmung über eine zukünftige, derzeit noch nicht genau feststellbare medizinische Behandlung. Mit den dort getroffenen Festlegungen können Sie in diese Behandlungen einwilligen oder eben auch die Zustimmung verweigern, wenn Sie sich in der aktuellen Situation nicht mehr persönlich äußern können. So kann zum Beispiel eine Bluttransfusion ausgeschlossen werden oder es kann bestimmt werden, unter welchen Bedingungen eine Blutwäsche (Dialyse) oder eine künstliche Beatmung durchgeführt werden soll und wann nicht. Voraussetzung dafür ist, dass der Arzt oder die Ärztin überhaupt eine Behandlung vornehmen wollen. Halten die Behandler diese nicht für notwendig, kann sie auch nicht durch eine Patientenverfügung herbeigeführt werden. Möchte der behandelnde Arzt bei einem Sterbenden keine künstliche Beatmung durchführen, weil er sie für sinnlos hält, kann mit einer Patientenverfügung kein Handeln erzwungen werden.

Vorgaben einer Patientenverfügung sind grundsätzlich verbindlich. Sie können aber in Frage gestellt werden, wenn einzelne Behandlungssituationen nicht konkret, sondern nur sehr vage beschrieben werden (können). Oder wenn dem Arzt Anzeichen vorliegen, dass der Patient seine Meinung geändert haben könnte. In diesem Fall müssen Arzt und Bevollmächtigter oder Betreuer versuchen, den mutmaßlichen Willen des Betroffenen herauszufinden. Dabei sind Verwandte und Freunde einzubeziehen und die Wertvorstellungen des Patienten zu berücksichtigen. Trotzdem kommt der Patientenverfügung aber zumindest eine Indizwirkung zu.

Es ist unbedingt ratsam, eine Patientenverfügung nicht isoliert stehen zu lassen, sondern mit einer Vorsorgevollmacht und/oder einer Betreuungsverfügung zu kombinieren. Auf diese Weise können Sie bewirken, dass Sie eine (oder mehrere) Person(en) Ihres Vertrauens rechtlich in die Lage versetzen, Ihre Wünsche umzusetzen und Entscheidungen in Ihrem Sinne zu treffen. Die Formulierungen der Vorsorgevollmacht bieten dafür eine wichtige Hilfe, auch wenn einzelne Behandlungsschritte darin nicht benannt werden (→ Seite 110 ff.).

» Tipp
Verfügungen miteinander kombinieren

Die Vorsorgevollmacht

In der Vorsorgevollmacht können Sie eine oder mehrere Vertrauenspersonen bevollmächtigen, für Sie Entscheidungen zu fällen und zum Beispiel Verträge zu unterschreiben. Diese Vollmacht kann sich sowohl auf Entscheidungen über medizinische Behandlungen als auch auf andere wichtige Geschäfts- und Lebensbereiche wie Bankgeschäfte oder die Bestimmung des Wohnortes beziehen.

Persönlicher Stellvertreter fällt Entscheidungen in verschiedenen Lebensbereichen

In der Vorsorgevollmacht legen Sie also schon im Voraus fest, welche Dinge im Bedarfsfall von wem zu regeln sind. Sie können durch eine Bevollmächtigung für Gesundheitsangelegenheiten insbesondere die Durchsetzung Ihrer Patientenrechte sicherstellen. Die Vollmacht sollte nach außen gegenüber Dritten sofort gültig sein. Alle Vereinbarungen zu den Bedingungen und zur Nutzung der Vollmacht sollten in einer gesonderten Vereinbarung zwischen Vollmachtgeber und Bevollmächtigtem im sogenannten Innenverhältnis festgelegt werden (··› hierzu die Seiten 65 ff.).

In der Regel macht eine ausführliche Vorsorgevollmacht die gerichtliche Bestellung eines Betreuers überflüssig. Allerdings kann es Situationen geben, für die eine Vorsorgevollmacht nicht ausreicht. So kann es zum Beispiel sein, dass einzelne Lebenssituationen in der Vollmacht nicht berücksichtigt werden oder die Regelungen dazu nicht eindeutig sind. Um sicherzugehen, dass eine Person Ihres Vertrauens bei der Wahl des Betreuers vom Gericht berücksichtigt wird, können Sie die Vorsorgevollmacht durch eine Betreuungsverfügung ergänzen.

Die Betreuungsverfügung

Wenn vom Gericht eine Betreuung angeordnet wird

Die Betreuungsverfügung ist für den Fall gedacht, dass vom Gericht eine gesetzliche Betreuung angeordnet werden muss. Das ist immer dann der Fall, wenn jemand wegen einer psychischen Krankheit oder einer körperlichen, geistigen oder seelischen Behinderung seine Angelegenheiten ganz oder teilweise nicht regeln kann und auch keine andere Person dazu von ihm bevollmächtigt wurde. Das Gericht bestellt dann einen Betreuer.

Vollmacht und Verfügungen auf einen Blick

	Patientenverfügung	Vorsorgevollmacht	Betreuungsverfügung
gerichtet an	Arzt, Pflegemitarbeiter und andere Therapeuten	bevollmächtigte Personen	Betreuungsgericht, Betreuer
Anwendungsbereich	medizinische Angelegenheiten (Gesundheitssorge)	alle oder spezielle Angelegenheiten (zum Beispiel Gesundheitssorge, finanzielle Angelegenheiten)	Bereiche, für die gesetzliche Betreuung notwendig ist
Geschäftsfähigkeit der Verfügenden erforderlich	nein, aber Einwilligungsfähigkeit und Volljährigkeit	ja	nein
Inkrafttreten	bei jeder medizinischen Behandlung und Pflegemaßnahme	sofort, entsprechend Formulierung im Innenverhältnis	ab Einrichtung der Betreuung
Form	(hand-)schriftlich, unterschrieben	schriftlich, evtl. notarielle Beurkundung* sinnvoll	schriftlich, evtl. Beglaubigung* sinnvoll
Widerrufsmöglichkeiten	jederzeit, auch mündlich, aber auch bereits durch Gesten und andere Äußerungsmöglichkeiten	schriftlich, nur bei Geschäftsfähigkeit	jederzeit
Kontrolle	keine	keine (evtl. Kontrollbetreuer)	Betreuungsgericht
Nutzung von Vordrucken	nicht empfehlenswert	möglich	möglich

* Eine *Beglaubigung* bestätigt lediglich die Richtigkeit der Unterschrift. Bei der notariellen *Beurkundung* muss der Notar sicherstellen, dass alle Beteiligten den Inhalt der Vereinbarung kennen, sowie den Vollmachtgeber über die rechtliche Tragweite seiner Wünsche belehren und prüfen, ob das Geschriebene eindeutig den Wünschen des Vollmachtgebers entspricht. Eine Beurkundung kann nur erfolgen, wenn der Notar von der Geschäftsfähigkeit der Beteiligten überzeugt ist.

Dieser Betreuer muss im rechtlichen Sinne „geeignet“ sein, das heißt, er muss bestimmte Kriterien erfüllen, kann aber eine für den Betroffenen völlig fremde Person sein. Bei der Wahl des Betreuers oder der Betreuerin soll das Gericht jedoch den Vorschlag des zu Betreuenden berücksichtigen. Sie haben also maßgeblichen Einfluss auf die Betreuungsperson, wenn Sie Ihren Wunsch in einer Betreuungsverfügung zuvor festgelegt haben.

Die Betreuung bezieht sich nur auf die Lebensbereiche, für die aktuell Entscheidungen anstehen, also zum Beispiel finanzielle Angelegenheiten, einen etwaigen Heimumzug oder auch Gesundheitsfragen. Der Betreuer ist gesetzlich verpflichtet, sich an den Wünschen und dem Wohl des Betroffenen zu orientieren; sein Handeln wird durch das Gericht kontrolliert. Die Inhalte einer Betreuungsverfügung und einer Patientenverfügung müssen vom Gericht und vom Betreuer berücksichtigt werden (→ Seiten 31).

Worauf Sie achten sollten

- Unterschreiben Sie Ihre Verfügung/Vollmacht mit Ihrer üblichen Unterschrift sowie Ort und Datum.

- Lassen Sie eine möglichst unbeteiligte dritte Person (vielleicht einen Arzt Ihres Vertrauens) unterschreiben, dass Sie die Verfügung/Vollmacht aus freiem Willen verfasst haben und sich dabei über die Bedeutung der niedergeschriebenen Entscheidungen bewusst waren. Im Zweifelsfall wird letztlich immer ein Gericht darüber entscheiden müssen, ob Sie geschäftsfähig waren, aber mit dieser Klausel gibt es wenigstens schon einen Anhaltspunkt dafür, dass Sie im „Vollbesitz Ihrer geistigen Kräfte“ waren, wie es im Juristendeutsch heißt.

- Die Verfügung/Vollmacht sollte so aufbewahrt werden, dass sie bei Bedarf auch leicht gefunden wird, zum Beispiel bei den persönlichen Unterlagen. Weisen Sie Angehörige und Ärzte darauf hin, dass Sie eine Verfügung verfasst haben. Bei anstehenden Entscheidungen muss das Original vorgelegt werden können. Für Ihre eigenen Unterlagen und eventuelle weitere Personen benötigen Sie Kopien.

- Sie sollten Ihre Verfügung/Vollmacht regelmäßig überprüfen und bei Bedarf ändern bzw. die Aktualität der Patientenverfügung durch eine erneute Unterschrift mit Datum bestätigen. Denken Sie bei Änderungen daran, die vorherige Verfügung zu widerrufen (zum Beispiel durch Vermerk auf der neuen Verfügung, dass diese die vorherige Fassung ersetzen soll) und die alte Urkunde zu vernichten bzw. sich von Ihrem Bevollmächtigten zurückgeben zu lassen. Auch die bestätigte oder neue Verfügung sollte ein Zeuge erneut unterschreiben.

- Vergessen Sie nicht, wieder Kopien an die von Ihnen gewählten Vertrauenspersonen zu geben.

- Bewahren Sie eine Hinweiskarte (→ Einklappseite im hinteren Umschlag dieses Ratgebers) auf die Verfügung/Vollmacht und den Aufbewahrungsort bei den persönlichen Papieren, zum Beispiel beim Personalausweis, auf.

Falls eine bevollmächtigte Person in einer der Verfügungen genannt wird, gilt:

- Klären Sie vorher mit dem Bevollmächtigten, ob dieser bereit ist, die Verantwortung zu übernehmen und dann später nach Ihren Wünschen zu handeln. Besprechen Sie mit dieser Person ausführlich und über das Schriftliche hinaus, welche Wünsche, Werte und Vorstellungen Sie haben, was Ihnen wichtig ist.

- Nennen Sie den Bevollmächtigten mit vollem Namen, Geburtsdatum, voller Adresse und Telefonnummer.
- Der Bevollmächtigte sollte die Vollmacht mit Angabe des Datums unterschreiben.
- Der Bevollmächtigte sollte mindestens ein, besser mehrere Originale der Vorsorgevollmacht erhalten. Wenn Sie die Befürchtung haben, er könnte die Vollmacht frühzeitig (gegen Ihren Willen) einsetzen, können Sie das Dokument auch an eine andere vertrauenswürdige Person geben. Diese sollten Sie dann schriftlich anweisen, wann sie das Original an den Bevollmächtigten herausgeben darf, oder Sie überlassen den Zeitpunkt dem Ermessen dieser Person. Eine solche Regelung kann jedoch den Nachteil haben, dass die Vollmacht im Notfall nicht schnell genug greifbar ist. Zusätzlich sollte im sogenannten Innenverhältnis (⇢ Seite 65 ff.) geregelt sein, wann die Vollmacht eingesetzt werden darf.

Beratung und Unterstützung

Etliche Beratungsangebote stehen kostenfrei zur Verfügung

Beim Aufsetzen von gültigen Verfügungen und Vollmachten sind viele Details zu beachten. Wem die Lektüre dieses Ratgebers und anderer Literatur nicht ausreicht, kann sich auch in persönlichen Gesprächen beraten lassen. Abgesehen von dem von uns empfohlenen ausführlichen Gespräch mit einem Arzt Ihres Vertrauens bieten verschiedene Institutionen Beratung zu Patientenverfügungen, Vorsorgevollmachten und Betreuungsverfügungen an.

Ärzte können für die Beratung eine Gebühr verlangen, weil es sich nicht um eine Leistung der gesetzlichen Krankenkassen handelt. Über die Kosten muss der Arzt vor dem Gespräch aufklären.

Betreuungsbehörden

Beglaubigung durch Betreuungsbehörde möglich

Betreuungsbehörden (oder Betreuungsstellen) sind staatliche Einrichtungen, die einerseits die Betreuungsgerichte bei ihrer Arbeit unterstützen. Zum anderen haben sie den gesetzlichen Auftrag, Betreuer zu gewinnen, diese bei ihren Aufgaben zu beraten und weiterzubilden.

Betreuungsgerichte

Die Betreuungsgerichte, ehemals Vormundschaftsgerichte, sind eine gesonderte Abteilung der Amtsgerichte. Die dortigen Richter entscheiden zum Beispiel über die Einrichtung einer Betreuung. Zur Beratung sind die Betreuungsgerichte nur bei bereits bestehenden Betreuungen verpflichtet. Dennoch bieten die Rechtspfleger des Betreuungsgerichts oft auch über den verpflichtenden Rahmen hinaus kostenlose Hilfe und Beratung an oder verweisen an Beratungseinrichtungen vor Ort.

Betreuungsvereine

Beratung und Informationen

Betreuungsvereine sind als eingetragene Vereine, oft unter dem Dach großer Wohlfahrtsverbände, tätig. In erster Linie sollen sie ehrenamtliche Betreuer werben und sie bei ihrer Arbeit unterstützen. Daneben beraten sie rund um das Thema Betreuungsverfügung. Da die Formulierung von Patientenverfügungen immer größeres Interesse erfährt, beraten viele Betreuungsvereine auch zu diesem Thema und stellen Informationsmaterial zur Verfügung. Die Arbeit der Betreuungsvereine wird staatlich gefördert. Die Beratung ist in der Regel kostenfrei. Adressen der Betreuungsvereine finden Sie im örtlichen Telefonbuch.

Notare

Notare und Rechtsanwälte nehmen Gebühren

Notare können zu Vollmachten und auch Verfügungen beraten. Da es bei Notaren keine Spezialisierung auf bestimmte Themengebiete gibt, ist es empfehlenswert, sich vorher nach Tätigkeitsschwerpunkten zu erkundigen oder auf Empfehlungen aus dem Bekanntenkreis zurückzugreifen. Sie können Ihre Vollmacht beziehungsweise Verfügung notariell beglaubigen oder beurkunden lassen. Eine Beurkundung (die eine Beratung beinhaltet) ist vor allem dann in Anspruch zu nehmen, wenn Regelungen zu Grundstücken oder Firmeneigentum zu treffen sind. Für die Leistungen des Notars fallen gesetzlich geregelte Gebühren an, die sich nach der Höhe des sog. Geschäftswertes richten, also dem Wert von dem, was beurkundet oder beglaubigt werden soll. Zurzeit betragen die Gebühren zum Beispiel für eine Vorsorgevollmacht inkl. Beratung und Belehrung mindestens 10 Euro, bei einem Vermögen von 150.000 Euro sind es zum Beispiel 165 Euro. Die Gebühren für eine reine (Unterschrifts-)Beglaubigung schwanken zwischen 10 und 130 Euro, je nach Geschäftswert. Hinzu kommen jeweils die Mehrwertsteuer und Auslagen. Fragen Sie zur Sicherheit vorab nach den Kosten.

Rechtsanwälte

Vollmachten und Verfügungen sind rechtliche Regelungen. Eine Beratung zu den möglicherweise entstehenden Fragen bieten auch Rechtsanwälte an. Erkundigen Sie sich vor der Beauftragung, ob der Anwalt Erfahrungen im Aufsetzen von Vollmachten beziehungsweise Patientenverfügungen hat. Auch die Höhe des Honorars sollten Sie vorher erfragen. Sie hängt unter anderem davon ab, ob nur eine Beratung erfolgt oder auch Schriftstücke formuliert werden.

Verbände und Vereine

Die Selbstbestimmung bei der medizinischen Versorgung in den Fällen, in denen sich die Betroffenen selbst nicht äußern können, ist ein wichtiges Thema für viele Verbände und (Selbsthilfe-)Vereine. Wer im Internet recherchiert, findet eine Vielzahl von Angeboten mit Informationen und Musterformularen. Es sind vor allem Organisationen, die sich mit schweren Krankheiten, zum Beispiel Krebs oder Schlaganfall, befassen oder die direkt zum Umgang mit Sterben und Tod arbeiten. Eine persönliche, individuelle Beratung bieten jedoch nur wenige an. Einige Hospizvereine oder Hospizeinrichtungen haben persönliche Beratungsangebote eingerichtet. Oder es gibt Telefonauskünfte wie zum Beispiel beim Zentralarchiv des DRK oder der Deutschen Stiftung Patientenschutz (Adressen → Seite 162 ff.).

2 Patientenverfügung

Mit einer Patientenverfügung legen Sie die medizinische Behandlung für den Fall fest, dass Sie nicht mehr selbst darüber entscheiden können – oder Sie schließen eine bestimmte Behandlung durch die Patientenverfügung aus. Ihre Patientenverfügung sollten Sie zudem mit einer Vorsorgevollmacht und Betreuungsverfügung kombinieren.

Krankheit, Sterben und Tod werden in unserer Gesellschaft oft verdrängt

Ein Leben mit starken körperlichen und geistigen Einschränkungen und der eigene Tod werden in unserer Gesellschaft nach wie vor häufig verdrängt. Befragt nach ihren Vorstellungen vom Sterben, sehen sich viele Menschen mit höchst unterschiedlichen Ängsten konfrontiert. Viele wünschen sich, dass „es einfach ganz schnell geht". Manche befürchten, unnötig oder sogar leidvoll durch technische Maßnahmen der „Apparatemedizin" am Sterben gehindert zu werden. Andere sorgen sich, in ihrer letzten Lebensphase ihren Angehörigen zur Last zu fallen und von anderen abhängig zu sein. Manch einer hat Angst, als Sterbender zu medizinischen Forschungszwecken benutzt zu werden. Viele dieser Befürchtungen beruhen auf Unwissen bezüglich des Sterbens oder auf falscher Einschätzung medizinischer Möglichkeiten.

Während noch vor einigen Jahrzehnten sterbende Patienten aus stationärer Krankenhausbehandlung entlassen und von ihren Angehörigen nach Hause geholt wurden, sterben heute drei Viertel aller Deutschen in stationären Einrichtungen – vor allem Krankenhäusern, Alten- und Pflegeheimen. Immer weniger erfahren wir so Krankheit, Sterben und Tod als Teil unseres Lebens.

Gleichzeitig ist es immer mehr Menschen wichtig selbstbestimmt über ihr Leben zu entscheiden und zwar auch dann, wenn dieses Leben dem Ende zugeht oder ihnen aufgrund von Schmerzen oder Einschränkungen nicht mehr sinnvoll erscheint. Vor diesem Hintergrund ist zu sehen, dass – nach einer Untersuchung der Bertelsmann Stiftung im Jahr 2015 – 38 % der Befragten sich vorstellen könnten, das eigene Leben bei schwerer Erkrankung trotz guter Palliativversorgung vorzeitig zu beenden.

Die überwiegende Zahl der Menschen stirbt nach einer mehr oder minder langen medizinischen Behandlung bei chronischer Erkrankung. Der medizinische Fortschritt macht es möglich, dass vielen Menschen mit Krankheiten oder Verletzungen, die früher in kurzer Zeit zum Tod führten, geholfen werden kann. Allerdings kann sich damit auch die Grenze verschieben, an der sich die Frage nach einem Leben und Sterben in Würde stellt. Was bedeutet es für eine krebskranke Frau, nicht innerhalb von sechs Wochen, sondern erst nach einem Jahr an ihrer Krankheit zu sterben? Kann ihr so ermöglicht werden, schmerzfrei und bei voll erhaltenen geistigen Fähigkeiten ihre persönlichen Dinge zu regeln und würdevoll Abschied von ihren Angehörigen zu nehmen? Oder bedeutet es lediglich eine Verlängerung des Leidens? Für einen jungen Mann mag es nach einem Unfall nach anfänglichem Hadern mit dem Schicksal Glück bedeuten, wenn er wiederbelebt wurde und durch intensive menschliche Begegnungen und Entwicklung neuer Interessen ein erfülltes Leben im Rollstuhl führen kann. Aber wie ist es zu bewerten, wenn er anschließend dauerhaft bewusstlos bleibt? Mit diesen und ähnlichen Fragen, auf die sich keine allgemeingültigen Antworten finden lassen, sind Menschen, ihre Angehörigen und die behandelnden Ärzte immer wieder konfrontiert. Niemand mag sich vorstellen, „unerträglich leiden“ zu müssen. Andererseits können Werte, die einem gesunden, geistig regen Menschen viel gegolten haben, bei schwerer Krankheit und im Sterben überholt sein.

Keine allgemeingültigen Antworten bei Fragen nach dem Leben und Sterben in Würde

Patientenwille als Maßstab aller Entscheidungen?

Bei der Umsetzung des Patientenwillens ist zwischen drei verschiedenen Situationen zu unterscheiden, die in der öffentlichen Diskussion oft miteinander vermischt werden:

1

Ärztliche Behandlung gegen den Willen des Patienten gilt als Körperverletzung

In vielen Fällen gilt es zu entscheiden, ob eine medizinische Maßnahme erfolgen soll oder nicht, angefangen bei einer simplen Blutabnahme bis hin zur Überlegung, ob zum Beispiel ein nicht mehr durchbluteter Fuß amputiert oder eine Magensonde durch die Bauchdecke gelegt werden soll. Bei der Entscheidung, ob eine Maßnahme durchgeführt werden soll oder nicht, muss sich der Arzt an zwei grundsätzliche Regelungen halten: Zum einen ist er verpflichtet, Leben zu erhalten, zum anderen muss er den Willen seines Patienten beachten. So ist es nun auch im neuen Patientenrechtegesetz klargestellt (§ 630 d BGB). Unterlässt der Arzt eine Maßnahme gegen den Willen des Patienten, kann er sich wegen unterlassener Hilfeleistung strafbar machen. Handelt er jedoch gegen die Einwilligung des Betroffenen, begeht er nach geltendem Recht eine Körperverletzung, die ebenfalls strafbar ist. Allerdings muss der Patient in der Lage sein, die Tragweite seiner Entscheidung zu verstehen, und sich der Konsequenzen seiner Entscheidung bewusst sein. Kann ein Patient sich nicht mehr selbst dazu äußern, muss der Arzt den mutmaßlichen Willen seines Patienten erforschen. Hierzu muss er den Bevollmächtigten oder Betreuer, aber auch Angehörige oder Freunde befragen. In diesem Zusammenhang ist eine Patientenverfügung immens wichtig, denn mit dieser kann ein Patient dem Arzt seinen Willen mitteilen.

2

In Notfällen wird schnellstmögliche Hilfe geleistet

In akuten Notfällen, zum Beispiel bei einem Verkehrsunfall, wird der Arzt häufig kaum die Möglichkeit haben, den Willen des Verletzten zu erforschen, sondern er wird schnellstmöglich Hilfe leisten. In diesen Fällen wird erst später zu entscheiden sein, ob und unter welchen Bedingungen lebenserhaltende Maßnahmen, zum Beispiel eine künstliche Beatmung, weiter durchgeführt werden sollen. Dies kann dann sogar den (schnelleren)

Tod zur Folge haben. Diese Entscheidung kann nicht vom Arzt allein getroffen werden, und auch eine schriftliche Willensäußerung wie eine isolierte Patientenverfügung reicht unter Umständen nicht aus, weil zum Beispiel der wirkliche Wille in dieser Situation nicht eindeutig genug formuliert wurde. Dann muss eine dritte Person, entweder ein Bevollmächtigter oder ein gesetzlicher Betreuer, ihre Zustimmung geben, wobei im Sinne des betroffenen Patienten entschieden werden muss. Im März 2003 hatte der Bundesgerichtshof (BGH) entschieden, dass ein gerichtlich bestellter Betreuer den Abbruch lebenserhaltender oder -verlängernder Maßnahmen nicht ohne Genehmigung des Betreuungsgerichts bestimmen darf.

Durch die aktuelle Gesetzeslage ist dies nun anders geregelt. Es ist klargestellt, dass Bevollmächtigte wie gesetzliche Betreuer diese Entscheidungen auf der Basis einer Patientenverfügung oder – wenn diese nicht vorliegt – gemäß dem mutmaßlichen Patientenwillen allein treffen können. Das Betreuungsgericht muss nur eingeschaltet werden, wenn der Bevollmächtigte beziehungsweise der Betreuer und der Arzt sich über den Patientenwillen nicht einig sind, oder wenn das Gericht von dritter Seite, etwa von Angehörigen, angerufen wird.

Überlegen Sie sich, was Sie verfügen wollen

Mit einer Patientenverfügung legen Sie Wünsche für eine Situation fest, die Sie aus eigener Erfahrung wahrscheinlich gar nicht kennen. Wer hat schon eine Vorstellung darüber, inwieweit ein Sterbender unter Hunger oder Durst leidet oder wie jemand mit fortgeschrittener Demenz die eigene Situation wahrnimmt? Umstände, die uns in gesunden Tagen als unerträglich erscheinen, können in der konkreten Situation von den Betroffenen ganz anders wahrgenommen werden. So berichten Menschen, die aus dem Wachkoma erwacht sind, davon, wie sie um ihr Leben gekämpft oder die Anwesenheit von vertrauten Personen als angenehm empfunden haben.

3

Aktive Sterbehilfe ist in Deutschland verboten

Anders als der legale Abbruch lebenserhaltender Maßnahmen wird die aktive Tötung auf Verlangen, zum Beispiel das Verabreichen einer Giftspritze, bewertet. Diese sog. aktive Sterbehilfe ist in Deutschland verboten. Auch wenn ein Patient dies ausdrücklich wünscht, sei es im Gespräch oder in einer Patientenverfügung, darf der Arzt diesem Wunsch nicht nachkommen. Der Deutsche Bundestag hat am 3.12.2015 darüber hinaus ein Gesetz beschlossen, dass die geschäftsmäßige Förderung der Selbsttötung unter Strafe stellt. Das soll sogenannten Sterbehilfevereinen entgegenwirken. Nicht strafbar durch entsprechende Handlungen zur Unterstützung einer Selbsttötung machen sich aber Angehörige und andere nahestehende Personen, auch Ärzte.

Allerdings kann es Ärzten durch ihr Standesrecht, oder Arbeitsverträgen in Krankenhäusern untersagt sein, Patienten beim Suizid zu unterstützen. Ob solche Einschränkungen zulässig sind, ist zweifelhaft. Ausdrücklich erlaubt ist aber der Behandlungsabbruch. Dabei kommt es nicht darauf an, ob dieser passiv, also durch Unterlassen einer weiteren Behandlung, oder aktiv, etwa durch das Entfernen einer Magensonde, erfolgt.

Wenn Sie also in einer Patientenverfügung bestimmten Behandlungsmöglichkeiten zustimmen wollen, andere ablehnen oder darlegen, ob und in welchen Fällen Sie die Beendigung lebensverlängernder Maßnahmen wünschen, lassen Sie sich am besten von einem Arzt Ihres Vertrauens – das muss nicht derjenige sein, der Sie vielleicht später einmal behandeln wird – ausführlich beraten, damit Sie die Konsequenzen Ihrer Entscheidung überblicken können.

Es kann sein, dass der Arzt das Beratungsgespräch privat abrechnet. Die Kosten für ein ausführliches Gespräch dürften ca. 30 Euro betragen, mit einer schriftlichen Ausführung zum Krankheitsverlauf können auch 150 Euro anfallen. Fragen Sie den Arzt vor dem Gespräch nach dem Preis, damit Sie wissen, welche Kosten auf Sie zukommen. Im Rahmen der Behandlung einer Krankheit soll auch eine Beratung zum Verlauf, Behandlungsoptionen, und ggf. auch zu den Konsequenzen der Nichtbehandlung erfolgen. Die Kosten dieser Behandlung werden von den Krankenkassen übernommen. Die Behandlung kann wichtige Hinweise für die Patientenverfügung enthalten. Auch wenn es nicht kostenlos ist, sollten Sie auf das Gespräch mit dem Arzt nicht verzichten. Nach den gesetzlichen Regelungen besteht zwar keine Pflicht zur ärztlichen Beratung. Angesichts der weitreichenden Entscheidungen ist es aber sehr empfehlenswert, ärztlichen Rat einzuholen. Denn wer weiß schon, welche Komplikationen zum Beispiel bei einem Schlaganfall auftreten können, mit welchen bleibenden Schäden bei unterschiedlichsten Erkrankungen zu rechnen ist, welche Chancen vergeben werden, wenn ohne zu differenzieren eine künstliche Ernährung (Magensonde, Infusionen) pauschal abgelehnt wird, und was der Abbruch lebenserhaltender Maßnahmen für das eigene Empfinden bedeutet?

Lassen Sie sich ärztlich beraten, damit Sie die Tragweite einer Verfügung beurteilen können

Beispiel: Pro und Contra Sondenernährung mit einer PEG

Bei einer PEG (perkutane endoskopische Gastrostomie) wird ein Schlauch aus Kunststoff, der als Ernährungssonde dient, im Rahmen einer Magenspiegelung durch die Bauchdecke in den Magen gelegt. Eine Ernährung mit speziellen chemischen Nährlösungen, wie sie bei der intravenösen Ernährung benötigt werden, ist bei der PEG nicht erforderlich; künstlich ist allenfalls der Weg der Nahrung in den Magen, da Mund und Speiseröhre ausgespart werden. Über die PEG kann ein Mensch mit normalen Getränken oder flüssiger Kost ernährt werden. Auch Medikamente können so gegeben werden.

Eine PEG kann bei verschiedenen Erkrankungen, die mit Schluckstörungen einhergehen, sinnvoll sein. Wichtig für die Entscheidung kann sein, ob diese Schluckstörungen vorübergehend oder dauerhaft bestehen werden bzw. ob eine vorübergehende Gesundheitsstörung vorliegt oder mit weiterer Verschlechterung des Gesundheitszustandes zu rechnen ist. Bei Schluckstörungen nach Schädel-Hirn-Verletzungen oder nach einem Schlaganfall kann zum Beispiel die Möglichkeit bestehen, dass der Patient durch spezielle Behandlung in einem Reha-Zentrum das Schlucken wieder erlernt und eine Ernährung über die PEG die Zeit bis dahin nur überbrücken soll. Danach wird die PEG entfernt und der Patient kann normal essen und trinken. Bei speziellen Strahlenbehandlungen oder Chemotherapien kann eine PEG-Sonde hilfreich sein, wenn die Gefahr besteht, dass der Patient während der Behandlung nicht ausreichend Nahrung oder Flüssigkeit aufnehmen kann.

Andererseits kann die Anlage einer PEG-Sonde auch zu Konsequenzen führen, an die Patient oder Angehörige zunächst nicht denken. Treten erhebliche Schluckstörungen zum Beispiel im Rahmen einer Demenzerkrankung auf, kann das Fortschreiten der Krankheit durch die Ernährung über eine PEG-Sonde nicht aufgehalten werden. In der Vergangenheit hat das Vorhandensein einer PEG-Sonde auch schon dazu geführt, dass Demenzkranke fixiert wurden, da die Gefahr bestand, dass die Sonde bei Bewegungsunruhe selbst entfernt wurde.

Neben ihren Vorteilen birgt die PEG auch Risiken. Bei der Gabe von Nahrung durch die Sonde muss sorgfältig auf eine gute Lagerung des Patienten geachtet werden. Liegt der Patient zu flach oder wird zu viel Nahrung auf einmal verabreicht, kann es einen Rückstau die Speiseröhre hinauf geben. Dann besteht die Gefahr, dass Speisebrei in die Luftröhre gelangt und zu einer lebensbedrohlichen Lungenentzündung führt.

Prinzipiell kann eine PEG auch wieder entfernt werden. Wenn sie allerdings zunächst nach „mutmaßlichem“ Patientenwillen gelegt wurde, kann dies nur erfolgen, wenn dafür eine neue Rechtsgrundlage vorliegt (der tatsächliche Patientenwille zum Beispiel durch die Vorlage einer Patientenverfügung bekannt wird oder wenn der Patient wieder seinen Willen kundtun kann) oder die Entfernung aus medizinischen Gründen sinnvoll ist.

Nicht gerechtfertigt ist die Anlage einer PEG-Sonde, wenn zum Beispiel ein pflegebedürftiger Mensch einfach nur langsam isst und trinkt und mit der PEG lediglich der Pflegeaufwand vermindert werden soll.

Manche Patienten verzichten auf die Anlage einer PEG-Sonde bei absehbar tödlich verlaufenden Erkrankungen oder in der Endphase des Lebens. Das führt dann zu einer „unzureichenden“ Zufuhr an Nahrung und Flüssigkeit, was man aber als natürlichen Vorgang ansehen kann. Anders als bei gesunden Menschen, die verdursten oder verhungern, muss das allmähliche Austrocknen von Menschen in ihrer letzten Lebensphase keineswegs qualvoll sein. Den unangenehmen Begleiterscheinungen der dann ebenfalls austrocknenden Schleimhäute kann man mit einer Vielzahl pflegerischer Maßnahmen begegnen.

Schmerz- und Betäubungsmittel

Mit einer guten Schmerztherapie können Patienten weitgehend schmerzfrei leben

Angst vor Schmerzen ist häufig ein Grund dafür, dass Menschen sich einen schnellen Tod wünschen. Über die Anwendung von Schmerz- oder Betäubungsmitteln, insbesondere von Morphin, bestehen noch oft Vorurteile und Unsicherheiten. Weit verbreitet ist die (unnötige) Befürchtung, dass bei einem Menschen in seiner letzten Lebensphase eine Sucht entstehen könnte. Um eine sehr unangenehme Begleiterscheinung der Morphingabe, eine Verstopfung, zu unterbinden, muss schon vom ersten Behandlungstag an vorbeugend ein wirksames Abführmittel eingesetzt werden. Vor allem zu Beginn der Behandlung kann Übelkeit auftreten, die mit einem entsprechenden Gegenmittel behandelt werden kann. Ebenfalls zu Behandlungsbeginn, aber auch bei späteren Dosissteigerungen, kann Morphin Müdigkeit bewirken, die sich jedoch im Verlauf wieder zurückbilden kann. Langfristig macht die Gabe von Morphin nicht müde und führt auch nicht zu einer Bewusstseinseintrübung. Durch den richtigen Einsatz von Morphin kann Menschen in ihrer letzten Lebensphase gut geholfen werden. Rechtzeitig vor dem erneuten Auftreten von Schmerzen eingenommen, kann Morphin den Betroffenen helfen, dauerhaft schmerzfrei zu bleiben und ihre letzte Lebensphase so zu gestalten, wie sie es für richtig halten.

Eine Patientenverfügung sollte also wohldurchdacht sein, damit eine pauschale oder leichtfertige Ablehnung bestimmter medizinischer Maßnahmen vermieden wird.

Allerdings darf auch niemand gezwungen werden, eine Patientenverfügung zu erstellen, etwa als Bedingung für eine Heimaufnahme oder im Krankenhaus.

Formelle Anforderungen

Die wichtigste Voraussetzung, geregelt in § 1901 a BGB, ist die Schriftlichkeit.

Eine Patientenverfügung kann jeder Volljährige aufsetzen, der sich der Tragweite seiner Entscheidungen bewusst ist. Das bedeutet, dass auch nicht geschäftsfähige Personen eine Patientenverfügung verfassen können. Viele ältere Menschen haben, häufig infolge einer Demenz, eine Betreuung (⇢ Kapitel Betreuungsverfügung, Seite 79 ff.) eingerichtet bekommen. Obwohl der Betreute nun etwa in geschäftlichen Dingen nicht mehr allein entscheiden darf, kann er dennoch eine Patientenverfügung verfassen. Nur wenn eine Betreuung in Gesundheitsfragen eingerichtet wurde, kann er keine wirksame Patientenverfügung aufsetzen.

Achten Sie auf Lesbarkeit

Wie bereits erwähnt, muss die Patientenverfügung schriftlich erstellt werden. Dabei ist es unerheblich, ob die Verfügung handschriftlich, mit der Schreibmaschine oder am PC verfasst wurde. Es kommt auch nicht darauf an, besonders „schön" zu formulieren. Wichtig ist nur, dass die Verfügung lesbar ist und Dritte verstehen können, was Sie damit aussagen wollen. Die Verfügung müssen Sie mit Ihrer üblichen Unterschrift unterschreiben und sollten diese durch Ort und Datum ergänzen. Sie können sich von einer Person Ihres Vertrauens, zum Beispiel Freunden oder der Hausärztin, bestätigen lassen, dass Sie zum Zeitpunkt der Unterschrift „im Vollbesitz Ihrer geistigen Kräfte" waren. Bescheinigen lassen sollten Sie sich auch, wenn Sie sich vor dem Abfassen der Patientenverfügung (zum Beispiel durch Berater aus den Bereichen Medizin, Rechtspflege, Psychologie, Pflege, Hospiz oder Seelsorge) haben beraten lassen. Eine Beratung durch einen Arzt ist nicht erforderlich, wohl aber in manchen Fällen ratsam. Insbesondere bei Menschen, die bereits erkrankt sind und mit ihrem behandelnden Arzt den Verlauf der Krankheit und eventuell eintretende konkrete Entscheidungssituationen beschreiben können. Der Arzt kann dann auch die „Einwilligungsfähigkeit“ bestätigen. Eine notarielle Beurkundung ist nicht notwendig, allerdings kann sie hilfreich sein, da der Notar dies nur ablehnen kann, wenn er an Ihrer Geschäftsfähigkeit zweifelt.

Überprüfen Sie regelmäßig die Aktualität Ihrer Verfügung

Auch wenn eine Patientenverfügung nicht verjährt, sollten Sie Ihre Verfügung regelmäßig, vor allem vor größeren medizinischen Eingriffen, auf ihre Gültigkeit überprüfen und gegebenenfalls für die anstehende Behandlung konkretisieren. In vielen Veröffentlichungen finden Sie die Festlegung, dass die Patientenverfügung alle zwei Jahre aktualisiert werden soll.

Dies ist jedoch nicht zwingend. Auch eine Patientenverfügung, die älter als zwei Jahre ist, muss anerkannt werden, solange keine Indizien dafür sprechen, dass sie widerrufen wurde. Allerdings entwickelt sich die Medizin weiter fort. Insofern sollten Sie auf jeden Fall nach einiger Zeit mit Ihrem Arzt beraten, ob sich eventuell neue Behandlungsmöglichkeiten ergeben. Je aktueller die Verfügung ist, desto eher wird der Arzt oder eventuell ein Betreuer glauben, dass Sie auch in der jetzigen Situation hinter den Festlegungen in der Patientenverfügung stehen. Soll alles so bleiben, wie Sie es bereits festgelegt haben, bestätigen Sie einfach mit Ihrer Unterschrift und Datum, dass die Verfügung weiterhin gültig sein soll.

Widerruf jederzeit möglich

Sie können Ihre Patientenverfügung jederzeit widerrufen. Zum einen können Sie Ihre Ausführungen ändern, indem Sie die gewünschte Änderung in den ursprünglichen Text einfügen und diese mit Ihrer Unterschrift samt Datum bestätigen. Oder Sie können Ihre Verfügung neu schreiben. Doch selbst wenn eine schriftliche Patientenverfügung vorliegt, können Sie in einer konkreten Situation dem Arzt auf beliebige Weise (zum Beispiel Kopfschütteln) mitteilen, ob Sie – solange Sie noch einwilligungsfähig sind – einer Behandlung zustimmen oder nicht.

✕ Verwendung von Mustervordrucken

Einige Verbände, Selbsthilfegruppen und Vereine bieten Mustervordrucke für Patientenverfügungen an, teils umsonst, teils gegen Entgelt. Aus juristischer Sicht wird dies eher kritisch bewertet, da standardisierte Formulare und Musterverfügungen kaum Spielraum lassen, um persönliche Wünsche und die individuelle Situation genau zu beschreiben. Auch der Rat, das Formular per Hand abzuschreiben, ändert wenig an der Tatsache, dass Ärzte oder Gerichte solche allgemeinen Formulierungen eher anzweifeln können als selbst verfasste Überlegungen. Daher sollten Sie Ihre Verfügung mit eigenen Worten schriftlich formulieren. Die gesetzliche Regelung verlangt Festlegungen auf aktuelle Lebens- und Behandlungssituationen als Zeichen einer ernsthaften Auseinandersetzung. Das ist mit Formularen kaum erzielbar.

Inhalt der Verfügung

Selbstbestimmungsrecht umsetzen

Die Patientenverfügung soll dazu dienen, Ihr Selbstbestimmungsrecht als Patient beziehungsweise Patientin umzusetzen. Damit die Patientenverfügung für den Arzt, den Bevollmächtigten oder den Betreuer in der jeweiligen Situation aussagefähig ist, sollten Sie möglichst genau beschreiben, für welche Zustände Sie eine Entscheidung treffen wollen. Für den Fall, dass die aktuelle Situation nicht auf die in der Patientenverfügung beschriebene passt, können auch allgemeine Wertvorstellungen Anhaltspunkte für Ihren Willen liefern.

Unterschiedliche Ausgangssituationen

Grundsätzlich gibt es zwei verschiedene Ausgangslagen: Es gibt Menschen, die das Bedürfnis haben, für eventuell eintretende Notfälle Vorsorge zu treffen. Das Spektrum der möglichen Situationen ist breit und es wird kaum möglich sein, für jeden Einzelfall genaue Wünsche zu formulieren. Umso wichtiger ist es in diesem Fall, eine allgemeine Beschreibung der persönlichen Vorstellungen zu geben, damit der Arzt davon den Patientenwillen für einzelne Situationen ableiten kann. Anders sieht es für diejenigen aus, die schon von einer schweren Krankheit, zum Beispiel AIDS oder Krebs, betroffen sind und sich damit auseinandersetzen müssen. Hier werden sich vermutlich recht klare Vorstellungen zu möglichen Behandlungen, deren Nebenwirkungen und Grenzen ergeben. Dann ist eine sehr konkrete Verfügung möglich. Versuchen Sie, die Situationen, für die die Verfügung gelten soll, genau zu bezeichnen. Geben Sie dafür Ihre Therapiewünsche für den Umfang und die Dauer der einzelnen Maßnahmen an und ebenso, was nicht erfolgen soll. Wer schon eine eher allgemein gehaltene Verfügung verfasst hat und später mit einem konkreten medizinischen Problem konfrontiert ist, sollte seine Verfügung entsprechend ergänzen.

Wichtige Aspekte sind Ihre Wünsche bei längerfristiger Behandlung und Pflege sowie beim Sterbeprozess

Mit Ihrer Patientenverfügung sollten Sie zwei unterschiedliche Bereiche abdecken: zum einen den Fall, dass Sie pflegebedürftig und langfristig auf medizinische Hilfe angewiesen sein werden, zum anderen den Sterbeprozess selbst. Gerade für den Fall der längerfristigen Behandlung und Pflege ist die Verfügung besonders wichtig, denn hier können Sie mit den medizinischen Maßnahmen vielleicht für viele Jahre Einfluss nehmen auf die Qualität des weiteren Lebens.

In den Textbausteinen im letzten Teil dieses Ratgebers (→ Seite 102 ff.) finden Sie verschiedene Behandlungssituationen, für die Sie vorab eine Regelung treffen können. Je konkreter Sie in Ihrer Patientenverfügung für möglichst viele Behandlungssituationen eine Vorabentscheidung treffen, umso sicherer können Sie sein, dass Ihr so geäußerter Wille auch befolgt wird. Daneben sollten Sie aber ergänzende Angaben zu Ihren Werten, Wünschen und Vorstellungen (--> Seite 92 ff.) machen, denn sie dienen als zusätzliche Richtpunkte für den Arzt bei der Feststellung Ihres Willens.

Verbindlichkeit der Verfügung

Wenn Patientenverfügungen in der Vergangenheit von Ärzten oder Pflegekräften teilweise nicht beachtet wurden, dann vor allem deshalb, weil vom – zukünftigen – Patienten eine Entscheidung für eine Situation getroffen wird, die er noch nicht erlebt hat und die auch nicht in allen Einzelheiten vorausgesagt werden kann. Vielleicht würde ein Sterbender ganz anders entscheiden als zu gesunden Zeiten, wenn er sich noch äußern könnte?

Ein Umdenken hat stattgefunden

Inzwischen hat jedoch sowohl bei Medizinern als auch Juristen ein Umdenken eingesetzt. Seit im Jahre 2009 eine verbindliche Regelung zum Vorrang des Patientenwillens getroffen wurde, hat die Akzeptanz von Patientenverfügungen zugenommen. Weil sie aber auch in Situationen gilt, in der das Sterben nicht unmittelbar bevorsteht, hat die Patientenverfügung auch an Bedeutung gewonnen. So kann der Abbruch lebenserhaltender Maßnahmen vom Patienten zum Beispiel bei Wachkoma, dauerhaften Einschränkungen oder schwerer Demenz festgelegt werden. Mit dem Beschluss des Bundestages vom 18. Juni 2009 ist eine verbindliche Regelung getroffen worden, die über die bis dahin geltende Rechtslage hinausgeht. Nun sollen Patientenverfügungen auch in Situationen gelten, in denen das Sterben nicht unmittelbar bevorsteht, zum Beispiel beim Wachkoma oder bei einer schweren Demenz.

Eine Gewähr für die hundertprozentige Verbindlichkeit einer Patientenverfügung gibt es allerdings auch mit der jetzigen Regelung nicht. Sie können die Wahrscheinlichkeit, dass sie beachtet wird, jedoch beeinflussen, wenn Sie die Grundsätze des Gesetzes, wie sie oben beschrieben wurden, berücksichtigen. Es bleibt abzuwarten, ob es Ärzte gibt, die aus grundsätzlichen Erwägungen heraus Patientenverfügungen, die ihnen ein Handeln untersagen und so den Tod des Patienten herbeiführen, ablehnen. Dann werden Gerichte über die Anwendung des Patientenwillens entscheiden müssen. Falls möglich, erkundigen Sie sich bereits bei der Wahl des Krankenhauses, ggf. des Pflegeheims oder im Gespräch mit dem Arzt über die Einstellung zu Patientenverfügungen.

Einstellung des Arztes zur Patientenverfügung

Grundsätzlich gilt für den behandelnden Arzt der in einer Patientenverfügung geäußerte Wille. Unter Umständen kann eine Patientenverfügung den behandelnden Arzt jedoch vor immense Schwierigkeiten stellen: Wie soll er entscheiden, wenn ein Patient aufgrund von Erkrankung oder Unfall bewusstlos und die vorgelegte Patientenverfügung schon einige Zeit alt ist? Was soll geschehen, wenn der Patient inzwischen seine Einstellung zu bestimmten Behandlungen geändert hat und zusätzlich Angehörige widersprüchliche Angaben zum zuletzt geäußerten Willen des Patienten machen? Die Aufgabe der Ärzte ist dann in jedem Fall, sich zunächst am mutmaßlichen Patientenwillen zu orientieren.

Nicht in allen Fällen ist die Patientenverfügung ausreichend. So kann es vorkommen, dass eine Behandlungssituation in der Verfügung nicht ausreichend beschrieben wurde. Vor allem bei lebensbedrohlichen Eingriffen und bei der Beendigung lebenserhaltender Maßnahmen wird der Arzt sich in der Praxis meistens an das Betreuungsgericht wenden. Aus diesem Grund sollten Sie Ihre Patientenverfügung möglichst mit einer Vorsorgevollmacht und/

oder einer Betreuungsverfügung verbinden. So haben Sie die Gewissheit, dass eine Person Ihres Vertrauens Ihren Willen umsetzen kann, mit der Sie vorher über Ihre Vorstellungen gesprochen haben (weiteres Verfahren ⇢ Seite 45 ff.).

✕ Selbstbestimmungsrecht im Pflegeheim

Einen Anspruch auf Beachtung des Patientenwillens haben auch Patienten im Pflegeheim gegenüber dem Pflegepersonal und der Heimleitung. Im Juni 2005 hat der BGH entschieden, dass weder Regelungen im Heimvertrag noch die Gewissensfreiheit des Pflegepersonals dem Verlangen nach Abbruch der künstlichen Ernährung entgegenstehen dürfen.

Beschluss des BGH vom 8. 6. 2005 – XII ZR 177/03 (OLG München)

Aufbewahrung/Hinterlegung

Eine Patientenverfügung nutzt nur, wenn das Original im Notfall schnell aufzufinden ist. Da kaum jemand seine Patientenverfügung ständig bei sich tragen kann, empfiehlt es sich, bei den persönlichen Unterlagen (zum Beispiel Führerschein und Personalausweis) eine „Karte“ mit dem Hinweis auf die Patientenverfügung aufzubewahren. Hierauf sollten der Fundort oder eine Kontaktperson benannt werden. Und informieren Sie Vertrauenspersonen und behandelnde Ärzte insbesondere vor riskanten Eingriffen, dass eine Patientenverfügung vorliegt. Sie können Ihrem behandelnden Arzt auch eine Kopie der Verfügung geben, mit der Bitte, diese bei Ihren Krankenunterlagen zu verwahren.

» Tipp

Nutzen Sie die Hinweiskarte im Umschlag des Buches

Mit manchen Mustervordrucken ist die Möglichkeit verbunden, die Patientenverfügung gegen Gebühr an einer zentralen Stelle zu hinterlegen. Manchmal wird auch eine alljährliche Erinnerung angeboten, die Verfügung neu zu unterschreiben, um stets eine aktuelle Version vorlegen zu können. Ob Ihnen die Erinnerung die Gebühr wert ist oder ob Sie selbst an eine regelmäßige Überprüfung denken, müssen Sie selbst entscheiden. Die Aufbewahrung in einem zentralen Archiv bietet den Vorteil, dass die Verfügung sicher untergebracht ist. Allerdings sollten Sie sich vergewissern, ob das Original der Verfügung bei Bedarf auch am Wochenende oder an Feiertagen innerhalb von 24 Stunden beim behandelnden Arzt oder einem Bevollmächtigten vorgelegt werden kann und wie das entsprechende Verfahren abläuft.

Zentrale Archive zur Aufbewahrung

Zurzeit sind uns beispielsweise als zentrale Archive bekannt: die Archive beim Deutschen Roten Kreuz in Mainz, bei der Deutschen Hospizgesellschaft in Dortmund, beim Humanistischen Bundesverband Deutschland in Berlin und die Deutsche Verfügungszentrale in Dresden sowie in Berlin (Adressen → Seite 162 ff.).

Die Hinterlegung einer bloßen Patientenverfügung beim Gericht ist nicht möglich. Allerdings können in manchen Bundesländern Betreuungsverfügungen hinterlegt werden (→ Seite 89 f.). Ist diese mit der Patientenverfügung kombiniert, gilt das für beide Verfügungen. Am besten erkundigen Sie sich beim zuständigen Amtsgericht. Außerdem können Sie Ihre Verfügung gegen Gebühr beim Notar hinterlegen.

3

Vorsorgevollmacht

Viele Menschen glauben, dass automatisch Ehepartner, Eltern oder Kinder an ihrer Stelle entscheiden dürfen, wenn sie ihre Angelegenheiten nicht mehr selbst regeln können. Dies ist jedoch nicht der Fall. Dritte benötigen eine Vollmacht, damit sie zum Handeln befugt sind. Andernfalls muss eine Betreuung durch das Gericht angeordnet werden.

Mit einer Vollmacht können Sie eine gerichtliche Betreuung in den meisten Fällen überflüssig machen. Seitdem Anfang 1999 das Betreuungsrecht geändert wurde und durch die Neuerungen zum 1. September 2009 gilt dies auch für viele Bereiche zur Vertretung in Gesundheitsfragen.

Sind einzelne Bereiche gar nicht oder nicht auf die Situation passend durch die Vollmacht erfasst, kann es sein, dass doch eine Betreuung eingerichtet werden muss. Für diesen Fall sollten Sie eine entsprechende Formulierung in Ihre Vollmacht aufnehmen, mit der Sie klarstellen, dass Sie daran gedacht haben und eine Person Ihres Vertrauens wünschen (··· Seite 79 ff.).

Der Unterschied zwischen einer „normalen" Vollmacht und einer Vorsorgevollmacht besteht eigentlich nur darin, dass die Vorsorgevollmacht nicht sofort nach der Unterschrift verwendet werden soll, sondern erst, wenn von Ihnen festgelegte Umstände eingetreten sind.

Wir empfehlen Ihnen, eine Vorsorgevollmacht auszustellen, die nach außen, gegenüber Dritten, sofort gültig ist. Der Zeitpunkt oder die Umstände, ab wann die Vollmacht verwendet werden darf, sollten lediglich im sogenannten Innenverhältnis zwischen Ihnen und dem Bevollmächtigten festgelegt sein.

Zwei Schriftstücke: Vollmacht und Vereinbarung im Innenverhältnis

Das heißt, Sie setzen zwei Schriftstücke auf. Der Bevollmächtigte erhält eine Vollmacht, in der ohne Einschränkungen die Aufgabenbereiche, in denen er tätig werden soll, benannt sind. Nur so ist sichergestellt, dass er seinen Aufgaben tatsächlich nachkommen kann. Würde die Vollmacht Einschränkungen der Gültigkeit enthalten, ist es in der Praxis schwer nachzuweisen, dass diese Bedingungen zum Zeitpunkt der Nutzung auch tatsächlich gelten. Der Bevollmächtigte würde dadurch gezwungen, ständig aktuelle Beweise (zum Beispiel ein ärztliches Attest) zu beschaffen.

In einem separaten Schriftstück, quasi einem Vertrag zwischen Ihnen und dem Bevollmächtigten, können Sie im Innenverhältnis festlegen, unter welchen Bedingungen der Bevollmächtigte tätig werden darf (⇢ Seite 65). Außerdem können darin detaillierte Anweisungen enthalten sein, was wie zu erledigen ist. Auf diese Weise wird die Vorsorgevollmacht von Außenstehenden leichter anerkannt und Sie haben dennoch den Bevollmächtigten verpflichtet, die Vollmacht nicht vorzeitig zu verwenden. Wenn er sich darüber hinwegsetzt, ist er Ihnen gegenüber haftbar (⇢ Seite 67).

Bedingungen für den Einsatz der Vollmacht nur in Vereinbarung mit Bevollmächtigtem

Eine Möglichkeit, um den Bevollmächtigten daran zu hindern, seine Vollmacht vorzeitig zu nutzen, ist, die Vollmacht einer dritten Person (zum Beispiel einem Notar oder Pfarrer) zu geben und mit dieser zu vereinbaren, unter welchen Umständen das Original an den Bevollmächtigten ausgehändigt werden soll. Dieses Verfahren bietet zwar eine gewisse Sicherheit, kann aber unter Umständen dazu führen, dass der Bevollmächtigte erst verspätet handeln kann. Denken Sie immer daran, dass Sie dem Bevollmächtigten in Situationen, in denen Sie selbst nicht handlungsfähig sind, voll vertrauen wollen. Dann sollte auch in besseren Zeiten das Vertrauen bestehen, dass der Bevollmächtigte seine Vollmacht nicht frühzeitig oder missbräuchlich verwendet.

Der Bevollmächtigte

Ein Bevollmächtigter hat weitreichende Rechte. Sie müssen sich deshalb darüber klar werden, welche Person Ihres Vertrauens Sie „für den Fall der Fälle“ mit Ihren ganz privaten und persönlichen Dingen betrauen möchten. Das

Wichtig: eine Person, der Sie vertrauen können

kann ein naher Angehöriger sein, aber auch eine gute Freundin oder eine andere Person (zum Beispiel Pfarrer, Anwalt, Ärztin). Klären Sie vorab mit dem Bevollmächtigten, ob dieser bereit ist, die Verantwortung zu übernehmen und später nach Ihren Wünschen zu handeln.

Wichtige Punkte für die Ausübung der Vollmacht sollten Sie in der Vereinbarung mit dem Bevollmächtigten im Innenverhältnis schriftlich fixieren. Sinnvoll ist es auch, mit dieser Person alle Einzelheiten zu besprechen und über das Schriftliche hinaus genau zu erklären, welche Wünsche, Werte und Vorstellungen Sie haben und was Ihnen besonders wichtig ist. Nutzen Sie dazu die Fragen ab Seite 91.

Der oder die Bevollmächtigte muss selbst volljährig und wenigstens beschränkt, besser jedoch voll geschäftsfähig sein. Nur so kann diese Vertrauensperson alle ihr übertragenen Aufgaben wirksam umsetzen.

Manchmal macht es Sinn, die Verantwortung auf mehrere Personen zu verteilen

Sie können auch mehrere Bevollmächtigte einsetzen, die einzeln oder gemeinschaftlich bevollmächtigt werden. Achten Sie bei der Formulierung darauf, ob die Bevollmächtigten gemeinsam entscheiden müssen (dies bedeutet zwar gegenseitige Kontrolle, kann unter Umständen jedoch wichtige Entscheidungen erschweren) oder ob es mehrere Bevollmächtigte geben soll, die unabhängig voneinander agieren können. Sinnvoll kann es sein, je nach ihrer Fachlichkeit den Bevollmächtigten verschiedene Aufgaben zuzuweisen, zum Beispiel Finanz- und Versicherungsangelegenheiten jemandem zu übertragen, der hier besondere Kenntnisse besitzt. Bei einer solchen gemeinschaftlichen Vertretung sollten Sie ausschließen, dass die Bevollmächtigten wechselseitig ihre jeweiligen Vollmachten widerrufen können. Übrigens: Die Details zu den Aufgabenbereichen der Bevollmächtigten legen Sie besser in der Vereinbarung im Innenverhältnis fest

(⇢ Seite 65 ff.). Sofern sich nicht ganz eindeutig Aufgaben zuweisen lassen, sollten in der nach außen gültigen Vollmacht alle Bevollmächtigten ohne weitere Einschränkung ihrer Befugnisse und Aufgaben genannt werden.

Rechte und Pflichten des Bevollmächtigten

Anders als ein vom Gericht eingesetzter gesetzlicher Betreuer unterliegt ein Bevollmächtigter keiner regelmäßigen Kontrolle durch offizielle Stellen. Auch Entscheidungen bei schwerwiegenden medizinischen Maßnahmen kann der Bevollmächtigte im Sinne des Betroffenen allein treffen, sofern er sich mit dem Arzt einig ist. Nur wenn es Unstimmigkeiten zwischen Arzt und Bevollmächtigtem gibt oder wenn Dritte die Einschaltung des Betreuungsgerichts einfordern, gibt es eine gerichtliche Kontrolle. Bei starkem Verdacht des Missbrauchs ist es möglich, dass das Betreuungsgericht einen Kontrollbetreuer einsetzt. Verpflichtend ist die richterliche Genehmigung bei Entscheidungen zu freiheitsentziehenden Maßnahmen (⇢ Seite 58 ff.).

Ein Bevollmächtigter muss gegenüber seinem Auftraggeber jederzeit Auskunft über sein Handeln erteilen und auch im Nachhinein Rechenschaft ablegen können. In diesem Zusammenhang ist der Bevollmächtigte verpflichtet, alle Unterlagen und Gegenstände, die er in Ausübung seiner Tätigkeit erhält, aufzubewahren und dem Vollmachtgeber auf Wunsch auszuhändigen. Der Bevollmächtigte ist für sein Handeln haftbar. Kommt er seinen Pflichten nicht nach, hat der Vollmachtgeber Anspruch auf Schadenersatz. Dies gilt übrigens auch für den Fall, dass der Bevollmächtigte aufgrund fehlenden Wissens eine Fehlentscheidung getroffen hat. Bevollmächtigte sollten daher im Zweifelsfall fachkundigen Rat einholen.

Bevollmächtigte sollten über alles Buch führen

Um bei eventuellen Streitfällen etwas in der Hand zu haben, sollte der Bevollmächtigte Kopien der wichtigsten Unterlagen machen und sich die Herausgabe quittieren lassen, bevor er Originalunterlagen an Dritte herausgibt. Um den Bevollmächtigten von den sehr weitreichenden Auskunfts- und Rechenschaftspflichten zu entlasten, kann der Vollmachtgeber in der Vereinbarung mit dem Bevollmächtigten auf sein Recht auf Auskunft und Rechenschaft oder sogar die Haftung des Bevollmächtigten verzichten (⇢ Seite 68 f.). Dies wäre jedoch ein Freibrief für den Bevollmächtigten. Ein für beide Seiten tragfähiger Kompromiss ist die Umkehr der Beweislast. Das heißt, nicht der Bevollmächtigte, sondern der Vollmachtgeber muss nachweisen, dass sich der Bevollmächtigte falsch verhalten hat. Sofern das möglich ist, kann sich der Bevollmächtigte auch im Nachhinein vom Vollmachtgeber schriftlich bestätigen lassen, dass er in der vergangenen Zeit alle seine Aufgaben ordnungsgemäß erledigt hat.

Bevollmächtigte sind auch gegenüber Erben haftbar

Was viele Bevollmächtigte nicht wissen: Im Todesfall gehen die Rechte des Vollmachtgebers auf seine Erben über. Häufig ist erst dies der Zeitpunkt, an dem es zu Zweifeln an der Rechtmäßigkeit des Handelns des Bevollmächtigten kommt. Bevollmächtigte sollten sich daher nicht auf ein gutes Verhältnis zum Vollmachtgeber verlassen, sondern auch immer eventuelle Ansprüche der Erben im Blick behalten. Umso wichtiger ist es, schon zu Beginn der Tätigkeit als Bevollmächtigter eine Bestandsaufnahme zu machen und über alle wichtigen Entscheidungen Buch zu führen. Dies gilt insbesondere für In-sich-Geschäfte (⇢ Seite 61) und Schenkungen. Am besten suchen Bevollmächtigte bereits am Anfang ihrer Tätigkeit eine Beratungsstelle auf (⇢ Seite 22 ff.), um sich ausführlich über ihre Rechte und Pflichten zu informieren. Außerdem sollten Bevollmächtigte darauf achten, dass in der Vereinbarung im Innenverhältnis möglichst konkret beschrieben wird, was sie wie ausführen sollen. Je weniger Interpretationsspielraum in der Vereinbarung gegeben ist, desto eher sind Vollmachtgeber und Bevollmächtigter auf der sicheren Seite.

Ein Bevollmächtigter übernimmt also eine anspruchsvolle Tätigkeit. Dies muss er nicht unentgeltlich tun. In der Vereinbarung im Innenverhältnis können sich Vollmachtgeber und Bevollmächtigter auf eine Entschädigung verständigen. Am einfachsten ist es, sich an den Regelungen für gesetzliche Betreuer zu orientieren. Diese erhalten als ehrenamtlich Tätige wahlweise entweder pauschal einen Jahresbetrag von derzeit 399 Euro oder sie können einzelne Aufwendungen, zum Beispiel Fahrtkosten oder Kinderbetreuungskosten, die im Rahmen ihrer Tätigkeit entstanden sind, geltend machen. In der Vereinbarung mit dem Bevollmächtigten gibt es jedoch keine Pflicht, sich daran zu halten. Die Aufwandsentschädigung kann daher auch geringer oder höher ausfallen. Geregelt sein sollte auf jeden Fall, wer die Kosten für eine unbedingt empfehlenswerte Haftpflichtversicherung für den Bevollmächtigten übernimmt. Auch Kosten für Fachberatung sollten berücksichtigt werden. Anstelle einer Aufwandsentschädigung ist in vielen Familien auch üblich, den Bevollmächtigten mit einem entsprechenden Erbe zu bedenken. In diesem Fall ist häufig ein Erbvertrag notwendig.

Aufwendungen des Bevollmächtigten ausgleichen

» Tipp

Checkliste für Bevollmächtigte

⇢ Seite 76 ff.

Übrigens: Bevollmächtigte sind nicht dazu verpflichtet, eine einmal übernommene Vollmacht auf unbegrenzte Zeit zu erfüllen. Eigene Lebensumstände oder eine Steigerung der fachlichen Anforderungen bei der Ausübung der Vollmacht können dazu führen, dass der Bevollmächtigte sich nicht mehr in der Lage sieht, seine Aufgaben auszuüben. Handelt es sich um ein vorübergehendes Problem und ist eine entsprechende Möglichkeit in der Vollmacht vorgesehen, kann der Bevollmächtigte eine Untervollmacht an Dritte erteilen. Für deren Handlungen bleibt er gegenüber dem Vollmachtgeber haftbar. Der Bevollmächtigte kann seine Aufgaben auch dauerhaft kündigen. Dazu kann er einfach seine Vollmacht zurückgeben, was er sich mit Datum schriftlich bestätigen lassen sollte. Darüber hinaus sollte er seine Vereinbarung mit dem

Kündigung durch den Bevollmächtigten

Bevollmächtigten kündigen. Hierfür gilt eine gesetzliche Kündigungsfrist von vier Wochen zum Monatsende. Dies ist jedoch nur möglich, wenn der Vollmachtgeber diese Kündigung auch zur Kenntnis nehmen und entsprechende Konsequenzen ziehen kann. Häufig ist genau das nicht der Fall. Dann bleibt dem Bevollmächtigten nur der Weg, beim Amtsgericht die Notwendigkeit einer gesetzlichen Betreuung anzuzeigen. Bis zur Bestellung des Betreuers muss der Bevollmächtigte in der Regel weiter seinen Aufgaben nachgehen. Auf keinen Fall darf der Bevollmächtigte seine Tätigkeit einfach einstellen und notwendige Dinge ohne entsprechende Ankündigung nicht erledigen. In diesem Fall wäre er wegen Untätigkeit haftbar. Damit es nicht so weit kommt, erhalten Bevollmächtigte Unterstützung durch Betreuungsvereine und Betreuungsbehörden (⇢ Seite 23 f.).

Formelle Anforderungen an die Vollmacht

Mit einer nach außen wirksamen Vollmacht berechtigen Sie eine dritte Person, in Ihrem Namen tätig zu werden, Geschäfte abzuwickeln, Verträge abzuschließen und Entscheidungen zu treffen. Für die Form solcher Vollmachten gibt es einige gesetzlich vorgeschriebene Regeln, die Sie beachten sollten, damit Ihre Vollmacht anerkannt wird.

Gesetzliche Regeln für Vollmacht

Wenn Sie eine gültige Vollmacht aufsetzen wollen, müssen Sie uneingeschränkt geschäftsfähig sein, das heißt, mindestens 18 Jahre alt und in der Lage sein, Ihre Entscheidung von vernünftigen Erwägungen abhängig zu machen.

Die Vorsorgevollmacht muss schriftlich, aber nicht unbedingt handschriftlich erfolgen. Die Vollmacht müssen Sie mit Ort und Datum unterschreiben.

Der oder die Bevollmächtigte muss mit vollem Namen, Geburtsdatum und möglichst mit aktueller Adresse und Telefonnummer benannt werden. Auch der Bevollmächtigte sollte die Vollmacht mit Angabe des Datums unterschreiben.

Wenn Sie sich selbst keine Formulierungen für die Vollmacht überlegen möchten, können Sie auch vorgefertigte Mustervordrucke verwenden, wie wir sie Ihnen ab Seite 142 bieten. Im Gegensatz zur Patientenverfügung wird auch eine Mustervorlage sicher anerkannt, sofern sie die gesetzlichen Bestimmungen erfüllt. Allerdings gilt auch hier, dass Mustervordrucke kaum Spielraum für individuelle Festlegungen lassen und Sie deshalb in einem vorgefertigten Formular Ihre Wünsche nicht ausführlich niederlegen können. Nutzen Sie dann wenigstens die Freizeilen in den Formularen, um individuelle Regelungen einzufügen.

Damit die Einrichtung einer Betreuung für bestimmte Maßnahmen der medizinischen Behandlung und freiheitsentziehende Maßnahmen (··· Seite 57 f.) vermieden werden kann, müssen diese Aufgaben des Bevollmächtigten in der Vollmacht konkret genannt sein.

Bestätigung der Vollmacht durch Dritte

Häufig ist zu hören, dass eine Vorsorgevollmacht vom Notar beglaubigt oder beurkundet werden muss. Dies ist jedoch nur in bestimmten Fällen zwingend notwendig (siehe unten). In den meisten Fällen dient der Gang zum Notar lediglich dazu, die Ernsthaftigkeit der Absichten in der Vorsorgevollmacht zu unterstreichen und nachzuweisen, dass der Unterzeichner sich seiner Entscheidungen bewusst war. Einen solchen Zweck kann auch die Unterschrift eines unbeteiligten Dritten, am besten einer Vertrauensperson wie beispielsweise der Hausärztin oder des Gemeindepfarrers, erfüllen.

Grundsätzlich ist eine solche Bestätigung der Geschäftsfähigkeit nicht zwingend notwendig, damit die Vorsorgevollmacht anerkannt wird. Wenn die Vollmacht jedoch erst recht spät, in höherem Alter oder bei fortgeschrittener Krankheit, ausgestellt wird, kann es sein, dass an der Geschäftsfähigkeit des Vollmachtgebers gezweifelt wird. Insbesondere wenn es um die Verwaltung größerer Geldsummen oder Vermögen geht oder wenn der Bevollmächtigte eines von mehreren Familienmitgliedern oder einer der Erben ist, ist eine solche Bestätigung empfehlenswert, um späteren Zweifeln oder Streitigkeiten vorzubeugen.

Zwei Möglichkeiten der offiziellen Bestätigung

Wenn Sie eine offizielle Bestätigung Ihrer Vollmacht wünschen, haben Sie zwei Möglichkeiten. Die einfachere – und kostengünstigere – ist die Beglaubigung Ihrer Unterschrift. Dabei wird lediglich festgestellt, dass die Person, die als Verfasser eines Schriftstücks benannt ist, dieses auch selbst unterschrieben hat. Eine solche Beglaubigung kann unter anderem durch einen Notar erfolgen. Seit Juni 2005 können Sie die Beglaubigung der Unterschrift von Vorsorgevollmachten und Betreuungsverfügungen auch bei der örtlichen Betreuungsbehörde erledigen lassen. Üblicherweise wird dafür lediglich eine

Gebühr von 10 Euro fällig. Dies ist deutlich günstiger als die Gebühr beim Notar.

Die zweite Variante ist die notarielle Beurkundung der Vollmacht. Hierbei wird nicht nur die Identität des Unterzeichners überprüft. Für eine Beurkundung muss der Notar prüfen, ob der Unterzeichner die Inhalte des Schriftstücks verstanden hat und sich der Konsequenzen seiner Entscheidung bewusst ist. Die notarielle Beurkundung enthält damit die offizielle Bestätigung der Geschäftsfähigkeit. Inwieweit Sie dieses aufwendigere und teurere Verfahren nutzen möchten, hängt vielfach von Ihrer persönlichen Situation ab. Je größer die Wahrscheinlichkeit ist, dass es zu Zweifeln an Ihrer Geschäftsfähigkeit oder zum Streit über die Auslegung der Vollmacht bei größeren Vermögenswerten kommt, desto eher sollten Sie die notarielle Beurkundung wählen. Es gibt jedoch auch einige Geschäfte, die der Bevollmächtigte nur tätigen kann, wenn seine Vollmacht notariell beurkundet wurde. Dazu gehören vor allem Grundstücks- und Immobiliengeschäfte.

Eine notarielle Beurkundung kann sinnvoll sein

Ist die Vollmacht nicht notariell beurkundet, wird das Gericht für dieses Geschäft einen gesetzlichen Betreuer bestellen. Am besten lassen Sie sich wegen der zu beachtenden Einzelheiten von einer Fachstelle (⋯> Seite 22 ff.) beraten.

Inhalt der nach außen wirksamen Vollmacht

Ihre Vorsorgevollmacht sollte nach außen möglichst umfassend und uneingeschränkt gelten. Daher erteilen Sie am besten eine allgemeine Vollmacht zur Vertretung in allen finanziellen, rechtlichen und persönlichen Angelegenheiten. Sie können zusätzlich die Ihnen wichtigen Bereiche auflisten, zum Beispiel Mietverhältnis, Bank, Immobilienverwaltung, Haushaltsauflösung. Das sollten Sie aber als

Beispiel kennzeichnen, da ansonsten die Gefahr besteht, dass nicht Benanntes nicht von der Vollmacht erfasst wird.

Spezielle Anweisungen, beispielsweise zur Art und Weise, wie Ihr Vermögen verwaltet werden soll oder welche Wünsche und Vorstellungen Sie zu Ihrer Pflege im Krankheitsfall haben, sollten Sie in einer gesonderten Vereinbarung zwischen Vollmachtgeber und Bevollmächtigtem im Innenverhältnis festlegen (→ Seite 69 ff.).

Untervollmachten können die Arbeit erleichtern

Sie sollten außerdem dem Bevollmächtigten gestatten, einer weiteren Person für die Erledigung einzelner Aufgaben (zum Beispiel bestimmte Anträge bei Behörden stellen) eine Untervollmacht erteilen zu dürfen. Das kann die Arbeit in der Praxis sehr erleichtern. Zusätzlich sollten Sie klarstellen, dass Ihre Vollmacht eine gesetzliche Betreuung ersetzen soll. Zur Sicherheit können Sie auch noch in einem Satz einfügen, wer im Fall einer gesetzlichen Betreuung Ihr Betreuer sein soll. Das kann Ihr Bevollmächtigter, aber auch eine andere Person sein. Einige Bereiche müssen jedoch ausdrücklich in der Vollmacht benannt sein, wenn der Bevollmächtigte hier tätig werden soll.

Vertretung in Gesundheitsangelegenheiten

Mit einer Vorsorgevollmacht ermächtigen Sie eine Person Ihres Vertrauens, in gesundheitlichen Belangen für Sie zu entscheiden

Wie für alle anderen Lebensbereiche können Sie auch eine Person bevollmächtigen, Sie in allen Gesundheitsangelegenheiten zu vertreten. Im Gegensatz zur Patientenverfügung, die sich in erster Linie direkt an den behandelnden Arzt wendet, schafft die Vorsorgevollmacht die Voraussetzungen, dass Dritte über Ihre medizinische Behandlung entscheiden können. Die Vollmacht muss deshalb nicht im Detail verschiedene Behandlungsmöglichkeiten benennen, sondern vor allem festlegen, welcher Person Sie sich bei gesundheitlichen Belangen anvertrauen wollen. Natürlich sollten Sie sich vergewissern, dass der bevollmächtigten Person Ihre Vorstellungen bekannt sind. Hilfreich ist es, wenn Sie Ihre Behandlungswünsche schriftlich niederlegen.

Schwerwiegende medizinische Eingriffe und Abbruch lebensverlängernder Maßnahmen

Einen Sonderfall müssen Sie in der Vorsorgevollmacht speziell erwähnen: Damit der Bevollmächtigte bei schwerwiegenden medizinischen Eingriffen und auch beim Abbruch lebensverlängernder Maßnahmen entscheiden kann, müssen Sie hierzu ausdrücklich schriftlich Ihre Zustimmung erteilen. Dabei sollten Sie in Ihrer Formulierung Bezug auf § 1904 BGB und die darin genannten Maßnahmen nehmen. Nutzen Sie dafür den entsprechenden Text aus unseren Bausteinen auf Seite 111 f.

Entscheidungen zur medizinischen Behandlung müssen in der Vollmacht genannt werden

Eine Genehmigung des Betreuungsgerichts ist nur notwendig, wenn sich Arzt und Bevollmächtigter nicht über die Durchführung lebensbedrohlicher medizinischer Behandlungsmaßnahmen oder den Abbruch lebenserhaltender Maßnahmen einig sind oder wenn Dritte die Einschaltung des Gerichts forden.

Auch das Gericht muss sich am Patientenwillen, also beispielsweise den Inhalten einer Patientenverfügung, orientieren. Nur in Eilfällen (zum Beispiel akut notwendige Operationen) ist diese Genehmigung nicht notwendig. Falls das Gericht Zweifel an der Wirksamkeit oder dem Umfang der Vollmacht hat, wird es eine gesetzliche Betreuung einrichten. Wichtig zu wissen: Da die Entscheidung des Betreuungsgerichts erst zwei Wochen nach Bekanntgabe wirksam wird, sind ein spontaner Beschluss und dessen zügige Umsetzung damit ausgeschlossen.

Patientenwille auch vor Gericht verbindlich

Maßgabe für den Bevollmächtigten ist allein der Wille des Betroffenen. Damit hat die Patientenverfügung eine besondere Bedeutung. Liegt eine Patientenverfügung nicht vor oder ist sie für die Situation nicht passend, muss der

Patientenverfügung als Entscheidungshilfe für Bevollmächtigte

Bevollmächtigte den mutmaßlichen Willen des Betroffenen ermitteln. Hierfür muss er möglichst konkrete Anhaltspunkte nutzen, etwa frühere mündliche oder schriftliche Äußerungen des Betroffenen und seine ethischen und religiösen Wertvorstellungen.

Entbindung von der ärztlichen Schweigepflicht

Ein Arzt ist gesetzlich dazu verpflichtet, alles, was er in Zusammenhang mit Ihrer medizinischen Behandlung über Sie erfährt, geheim zu halten. Daher sollten Sie Ihre behandelnden Ärzte von ihrer ärztlichen Schweigepflicht gegenüber dem Bevollmächtigten entbinden.

Dem Bevollmächtigten sollte zusätzlich die Befugnis übertragen werden, die behandelnden Ärzte gegenüber anderen Dritten von der Schweigepflicht zu entbinden. Das kann zum Beispiel für Angaben gegenüber Lebensversicherungen wichtig sein. Weil im Voraus nicht bekannt ist, wer später der behandelnde Arzt sein wird, macht es wenig Sinn, nur einen bestimmten Arzt von der Schweigepflicht zu entbinden.

Freiheitsentziehende und -beschränkende Maßnahmen

Selbst bei einer guten Betreuung kann es Situationen geben, in denen zum Beispiel aufgrund einer schweren Demenz Gefahr für den Betroffenen besteht. Dann kann es im Einzelfall notwendig sein, ihn in seiner (Bewegungs-) Freiheit zu beschränken. Hierzu gehören nicht nur die Unterbringung in einer sogenannten geschlossenen Station, sondern auch die Gabe von stärkeren Beruhigungsmitteln, das Abschließen der Zimmertür oder das Anbringen eines Bettgitters. Die Freiheit wird auch eingeschränkt, wenn jemand am Rollstuhl fixiert wird, damit ihm ein selbstbestimmtes Aufstehen nicht möglich ist. Auch der Einsatz von Funkchips oder sonstigen elektronischen Ortungssystemen kann genehmigungspflichtig sein, wenn diese das Ziel haben, jemanden am Verlassen

Bei guter Betreuung oft nicht erforderlich ...

des Hauses zu hindern, so beispielsweise ein Urteil des Landgerichts Ulm.

... auf jeden Fall muss das Gericht zustimmen

Das Recht eines Menschen auf Freiheit hat im deutschen Recht einen hohen Stellenwert. Sofern der Betroffene nicht selbst zustimmt oder zustimmen kann, ist für freiheitsentziehende Maßnahmen in Einrichtungen, beispielsweise einem Altenheim, die Zustimmung des Betreuungsgerichts notwendig. Auch hier gilt, dass die Einrichtung einer Betreuung nur dann nicht notwendig ist, wenn die Zustimmung des Bevollmächtigten zum Freiheitsentzug mit Bezug auf § 1906 des BGB in der Vollmacht ausdrücklich benannt wird. In den Textbausteinen auf Seite 112 f. finden Sie dazu eine Formulierungshilfe. Das Betreuungsgericht muss in jedem Fall eingeschaltet werden, damit es die Entscheidung des Bevollmächtigten oder des Betreuers genehmigt. Nach einem Urteil des Bundesgerichtshofs vom 27. Juni 2012 kann diese Genehmigung auch nicht durch eine Formulierung in einer Vorsorgevollmacht ausgeschlossen werden.

Das oben beschriebene Verfahren gilt auch, wenn der Bevollmächtigte über eine ärztliche Behandlung gegen den Willen des Patienten entscheiden soll, wenn dieser in einer geschlossenen Einrichtung untergebracht ist. Dies kann v. a. bei psychischen Erkrankungen notwendig sein.

Die Zustimmung des Betreuungsgerichts ist nur für Maßnahmen innerhalb von medizinischen oder pflegerischen Einrichtungen vorgeschrieben. In solchen Einrichtungen ist die Gefahr größer, dass freiheitsbeschränkende Maßnahmen lediglich ergriffen werden, um die Pflege und Betreuung zu erleichtern. Dennoch sollte auch im privaten Umfeld sehr genau bedacht werden, wann der Einsatz freiheitsbeschränkender Maßnahmen tatsächlich zum Wohl des Betroffenen angebracht ist. Professionelle Pflegedienste, die in der Wohnung des Betroffenen tätig sind, werden in der Regel freiheitsbeschränkende Maßnahmen nur mit richterlicher Genehmigung umsetzen.

✕ § 1906 BGB: Genehmigung des Betreuungsgerichts bei der Unterbringung und ärztlichen Zwangsmaßnahmen (Auszug)

1) Eine Unterbringung des Betreuten durch den Betreuer, die mit Freiheitsentzug verbunden ist, ist nur zulässig, solange sie zum Wohl des Betreuten erforderlich ist, weil

1. auf Grund einer psychischen Krankheit oder geistigen oder seelischen Behinderung des Betreuten die Gefahr besteht, dass er sich selbst tötet oder erheblichen gesundheitlichen Schaden zufügt, oder
2. zur Abwendung eines drohenden erheblichen gesundheitlichen Schadens eine Untersuchung des Gesundheitszustandes, eine Heilbehandlung oder ein ärztlicher Eingriff notwendig ist, die ohne die Unterbringung des Betreuten nicht durchgeführt werden kann. (...)

2) Die Unterbringung ist nur mit Genehmigung des Betreuungsgerichts zulässig. (...)

3a) Die Einwilligung in die Zwangsmaßnahme bedarf der Genehmigung des Betreuungsgerichts. (...)

4) Die Absätze 1 und 2 gelten entsprechend, wenn dem Betreuten, der sich in einer Anstalt, einem Heim oder einer sonstigen Einrichtung aufhält, ohne untergebracht zu sein, durch mechanische Vorrichtungen, Medikamente oder auf andere Weise über einen längeren Zeitraum oder regelmäßig die Freiheit entzogen werden soll.

5) Die Unterbringung durch einen Bevollmächtigten und die Einwilligung des Bevollmächtigten in Maßnahmen nach den Absätzen 3 und 4 setzt voraus, dass die Vollmacht schriftlich erteilt ist und die in den Absätzen 1, 3 und 4 genannten Maßnahmen ausdrücklich umfasst. (...)

In-sich-Geschäfte

Wenn der Bevollmächtigte im Auftrag des Vollmachtgebers mit sich selbst Geschäfte tätigt oder Geld aus dessen Einkommen oder Vermögen erhält, spricht man im Juristendeutsch von „In-sich-Geschäften". In der Praxis kommt es recht häufig vor, dass Angehörige die Bevollmächtigten sind und beispielsweise Mietzahlungen ihrer vollmachtgebenden Angehörigen erhalten. Auch größere Geschenke oder regelmäßige Zahlungen an minderjährige Kinder des Bevollmächtigten fallen unter diese Regelungen.

Solche Konstellationen bergen die Gefahr des Missbrauchs. Daher sind In-sich-Geschäfte für Bevollmächtigte zunächst per Gesetz (§ 181 BGB) ausgeschlossen. Wenn der Vollmachtgeber dies jedoch wünscht, muss in der Vollmacht ausdrücklich das Recht auf In-sich-Geschäfte benannt sein: In der nach außen geltenden Vollmacht sollte nur eine allgemeine Formulierung enthalten sein. In der Vereinbarung im Innenverhältnis sollten dagegen detailliert die Geschäfte und Zahlungen benannt sein. Erfahrungsgemäß kommt es insbesondere zwischen Erben zu Streitigkeiten, wenn einer von ihnen vorher als Bevollmächtigter tätig war und er oder seine Familie von In-sich-Geschäften profitiert hat. Eine genaue Anweisung, was in welchem Umfang zu zahlen ist, schafft von vornherein Klarheit für alle Beteiligten.

Bei Musterformularen auf In-sich-Geschäfte achten

Wenn Sie vorgefertigte Formulare für Ihre Vollmacht nutzen wollen, achten Sie darauf, ob und wie In-sich-Geschäfte nach § 181 BGB enthalten sind. Einige Formulare nennen nur den Paragraphen in einer Reihe weiterer Aufzählungen, sodass Sie eventuell eine weitreichende Vollmacht für In-sich-Geschäfte erteilen, ohne es zu wollen. Andere Formulare enthalten überhaupt keine Regelung hierzu, sodass Ihre Vollmacht unter Umständen nicht weit genug gefasst ist.

Geltung der Vollmacht über den Tod hinaus

Eine Vollmacht gilt zunächst nur zu Lebzeiten des Vollmachtgebers. Verstirbt dieser, kann sie nicht mehr eingesetzt werden – es sei denn, dies ist ausdrücklich in der Vollmacht erwähnt. Es ist durchaus sinnvoll, die Vollmacht über den Tod hinaus gelten zu lassen. Die Erben können erst tätig werden, wenn sie ein Testament oder einen Erbschein vorlegen können. Bis dahin kann einige Zeit verstreichen, in der wichtige Dinge, zum Beispiel die Beerdigungsvorbereitungen, zu erledigen sind. Wenn die Vollmacht über den Tod hinaus gilt, müssen die Erben die Vollmacht widerrufen. Wichtig ist, dass alle Erben die Vollmacht widerrufen. Sofern einige Erben die Vollmacht nicht widerrufen, kann der Bevollmächtigte im Namen dieser Erben weiter tätig werden.

Bankvollmachten und andere Sonderfälle

Banken verlangen oft Vollmachten auf gesonderten Formularen

Nicht bei allen Rechtsgeschäften wird die Vorsorgevollmacht von den Geschäftspartnern anerkannt. Sie fordern eine Vollmacht auf ihren eigenen Formularen. Diese Vollmachten sollten Sie zusätzlich zu Ihrer eigenen erteilen. Schwierigkeiten mit Vorsorgevollmachten haben sich unseres Wissens besonders bei Bankgeschäften ergeben. Mit dem Hinweis, dass sie die Erfüllung der Voraussetzungen für die Gültigkeit der Vollmacht nicht prüfen könnten, verlangen viele Banken eine Bankvollmacht auf den institutseigenen Formularen. Diese Vollmachten sind ab dem Unterschriftsdatum gültig und nicht erst im Bedarfsfall. Auch hier können Sie zusätzlich im „Innenverhältnis" zwischen Vollmachtgeber und Bevollmächtigtem festlegen, dass die Bankvollmacht erst genutzt werden darf, wenn die Voraussetzungen, die für die Gültigkeit der Vorsorgevollmacht genannt sind, erfüllt sind. Andere Banken akzeptieren wiederum nur Vollmachten, die im Beisein von Mitarbeitern unterschrieben oder von offizieller Stelle beglaubigt wurden. Erkundigen Sie sich bei Ihrer Hausbank nach den dort gültigen Regelungen.

Verstirbt der Kontobesitzer, sperrt die Bank das Konto. Nur regelmäßige Aufträge wie Mieten laufen weiter. Erben müssen ihre Ansprüche nachweisen, entweder mit einem Erbschein oder auf eine andere geeignete Weise, z. B. durch ein notarielles Testament mit Eröffnungsurkunde beim Nachlassgericht. Welche Möglichkeiten es gibt, den Bevollmächtigten auch im Todesfall handlungsfähig zu machen, besprechen Sie am besten mit Ihrer Bank.

Postvollmacht

Damit andere Personen an Ihrer Stelle Post, auch Einschreiben und Warensendungen, in Empfang nehmen dürfen, ist häufig eine Vollmacht notwendig. Ehegatten, Eltern und Kinder, die unter gleicher Adresse wie der Vollmachtgeber wohnen, benötigen eine Postvollmacht allerdings nur für Sendungen mit dem Zusatz „eigenhändig". Es reicht aus, wenn Sie Postangelegenheiten in der Vollmacht benennen (··> Seite 111). Aus praktischen Gründen sollten Sie jedoch besser eine gesonderte Postvollmacht erstellen. So muss der Bevollmächtigte nicht immer das gesamte Vollmachtsdokument bei der Post vorlegen. Eine Postvollmacht kann formlos erstellt werden. Enthalten muss sie Namen, Vornamen und Adressen von Vollmachtgeber und Bevollmächtigtem sowie die Art der Postsendungen, die empfangen werden dürfen, vor allem Einschreiben, Nachnahmesendungen und Sendungen mit dem Zusatz „eigenhändig".

Sorgerechtsverfügung für Kinder

Wer minderjährige Kinder hat, macht sich sicher irgendwann Gedanken, wer sich um sie kümmert, wenn einem selbst ein Unglück geschieht. Ist ein Elternteil nicht in der Lage, sein Sorgerecht auszuüben, tritt in der Regel der andere Elternteil ein. Komplizierter wird es, wenn die Eltern getrennt leben und nur ein Elternteil, häufig die Mutter, das Sorgerecht hat. Verstirbt ein Elternteil, muss das Familiengericht prüfen, ob „es dem Wohl des Kindes dient", wenn der überlebende Elternteil das Sorgerecht erhält. Auf jeden Fall muss eine Vormundschaft eingerichtet werden, wenn beide Eltern versterben. Haben beide Eltern eine Sorgerechtsverfügung aufgesetzt, gilt die des zuletzt verstorbenen Elternteils.

Handschriftliche Sorgerechtsverfügung extra

Durch eine Sorgerechtsverfügung können Sie Einfluss darauf nehmen, wer als Vormund für Ihre Kinder bestimmt wird. Wie solche Verfügungen im Todesfall aussehen müssen, ist im Bürgerlichen Gesetzbuch (BGB) vorgeschrieben. Allerdings gibt es keine Festlegungen für den Fall, dass Eltern nicht in der Lage sind, ihre elterliche Sorge auszuüben, etwa weil sie im Koma liegen. Für solche Fälle lässt sich eine Sorgerechtsverfügung zusätzlich auch in eine Vorsorgevollmacht aufnehmen. Eine solche Erklärung für Lebzeiten sollte sich an den Regeln für eine Sorgerechtsverfügung im Todesfall orientieren. Wer seine Vorsorgevollmacht ohnehin vom Notar beurkunden lässt, kann die Sorgerechtsverfügung mit beurkunden lassen. Ansonsten erstellen Sie die Sorgerechtsverfügung am besten handschriftlich auf einem gesonderten Blatt, das Sie mit Datum unterschreiben. Sie ersetzt aber nicht die Sorgerechtsverfügung im Todesfall. Diese sollten Sie im Bedarfsfall zusätzlich im Rahmen Ihres Testaments aufsetzen.

Geltung zu Lebzeiten und im Todesfall

Wichtig ist, in der Sorgerechtsverfügung nicht nur die Namen der gewünschten Personen zu nennen. Wenn diese Verfügung schon zu Lebzeiten gelten soll, aber auch für den Todesfall, sollte sie Gründe enthalten, warum eine bestimmte Person als Vormund gewählt wurde. Das Gericht muss entscheiden, ob diese als Vormund geeignet ist. Ausschlaggebend ist neben dem Willen der Eltern vor allem die persönliche Bindung zum Kind. Regelmäßige Kontakte und gemeinsame Unternehmungen sind daher wichtige Gründe für die Auswahl, ebenso wie ein gutes Verhältnis zwischen dem Kind und der gewünschten Person. Weitere Pluspunkte sind gute persönliche und wirtschaftliche Verhältnisse, die eine positive Entwicklung des Kindes unterstützen können.

Für das Gericht gibt es keine Verpflichtung, sich an eine Sorgerechtsverfügung für Lebzeiten zu halten. Allerdings muss es sehr genau prüfen, was dem Wohl des Kindes entspricht. Eine gut begründete Sorgerechtsverfügung bietet hier wichtige Anhaltspunkte. Ist das Kind älter als 14 Jahre, kann es der Wahl eines Vormunds widersprechen. Insofern sollten ältere Kinder von der Sorgerechtsverfügung wissen und die Gelegenheit haben, über den Vormund mit zu entscheiden. Sonst kann es sein, dass die Sorgerechtsverfügung in der Praxis nutzlos ist.

Kinder in Entscheidungen einbeziehen

Die Vormundschaft gilt nur für Minderjährige. Sobald jemand volljährig wird, ist er selbst für sein Handeln verantwortlich. Gibt es Anhaltspunkte dafür, dass ein Volljähriger nicht selbst für sich handeln kann, wird ein gesetzliches Betreuungsverfahren eingeleitet (→ Seite 79 ff.).

Inhalt der Vereinbarung mit dem Bevollmächtigten

Sinn und Zweck der Vorsorgevollmacht ist, dass sie nicht wie andere Vollmachten sofort verwendet werden soll, sondern erst zu einem späteren Zeitpunkt. Wir empfehlen deshalb, eine nach außen weitreichende und sofort gültige Vollmacht durch eine Vereinbarung mit dem Bevollmächtigten im sogenannten Innenverhältnis zu ergänzen. Anders als die Vollmacht, die eine einseitige Erklärung des Vollmachtgebers ist, handelt es sich bei der Vereinbarung zwischen Vollmachtgeber und Bevollmächtigtem um einen gegenseitigen Vertrag. In diesem Vertrag können Sie die Rechte und Pflichten mit dem Bevollmächtigten vereinbaren. So gibt die Vereinbarung dem Bevollmächtigten auch eine Sicherheit, wie er sich in welchen Situationen verhalten soll. Verletzt der Bevollmächtigte seine vertraglichen Pflichten, ist er Ihnen gegenüber haftbar.

Die Vereinbarung im Innenverhältnis ist ein gegenseitiger Vertrag

Bedingungen zum Einsatz der Vollmacht

Im Gegensatz zur Vollmacht, die keinerlei Einschränkungen zur Wirksamkeit enthalten sollte, ist es für die ergänzende Vereinbarung im Innenverhältnis durchaus sinnvoll, Bedingungen zum Einsatz der Vollmacht zu formulieren. Sie können diese Bedingungen recht allgemein halten, etwa dass der Bevollmächtigte die Vollmacht erst nutzen soll, wenn Sie selbst nicht mehr in der Lage sind, Ihre Angelegenheiten zu regeln. Sie können aber auch ganz konkret werden, indem Sie beispielsweise eine ärztliche Bescheinigung verlangen und festlegen, in welchen zeitlichen Abständen diese aktualisiert werden muss. Bedenken Sie aber immer, was in der Praxis machbar ist. So sollten Sie auf die Festlegung eines ganz bestimmten Arztes verzichten, da dieser gegebenenfalls nicht erreichbar ist.

Praxistaugliche Bedingungen festlegen

Mit der Vereinbarung im Innenverhältnis können Sie auch bestimmen, welche Aufgaben genau Ihr Bevollmächtigter übernehmen soll. Wichtig ist dies vor allem dann, wenn Sie mehrere Bevollmächtigte mit unterschiedlichen Aufgabenbereichen und Rechten einsetzen wollen.

Bestimmung der Bevollmächtigten

Wenn Sie mehrere Personen bevollmächtigen möchten, vielleicht mit unterschiedlichen Aufgaben, sollten Sie dies ebenfalls im Innenverhältnis regeln. Hier können Sie beispielsweise festlegen, dass der zweite Bevollmächtigte erst tätig werden darf, wenn der erste seine Aufgaben nicht mehr wahrnehmen kann und um Unterstützung bittet.

Recht häufig ist die Konstellation, dass es verschiedene Bevollmächtigte für unterschiedliche Lebensbereiche geben soll, etwa einen für finanzielle Angelegenheiten und einen anderen für persönliche Lebensbereiche. Im Innenverhältnis sollten Sie möglichst genau beschreiben, wer für welche Aufgaben Entscheidungsbefugnis hat. Da es in der Praxis zu Überschneidungen kommen kann, sollten

Die Zusammenarbeit mehrerer Bevollmächtigter

Sie für den Fall vorsorgen, dass sich die Bevollmächtigten nicht einigen können. Sie können zum Beispiel bestimmen, wer im Streitfall das letzte Wort hat. Oder Sie verlangen, dass sich beide Bevollmächtigte im Streitfall von der Betreuungsbehörde beraten lassen müssen und der Bevollmächtigte, dessen Meinung vom Gericht gebilligt wird, als Betreuer eingesetzt wird. Auf jeden Fall sollten Sie bei einer solchen gemeinschaftlichen Vertretung ausschließen, dass die Bevollmächtigten wechselseitig ihre jeweiligen Vollmachten widerrufen können.

Wünsche und Anweisungen an den Bevollmächtigten

Die Anweisungen, welche Dinge der Bevollmächtigte wie umsetzen soll, hängen stark von Ihrer individuellen Lebenssituation und Ihrer Lebenseinstellung ab. Daher werden Sie hierzu kaum Formulare oder Mustertexte finden. Die folgende Aufzählung kann Ihnen einen Eindruck vermitteln, was Sie mit dem Bevollmächtigten im Innenverhältnis regeln können:

Themen für die Vereinbarung im Innenverhältnis

- Vertretung in medizinischen Angelegenheiten (mögl. Verweis auf gesonderte Patientenverfügung)
- Wünsche zur längerfristigen Pflege
  a) zu Hause
  b) in einer Pflegeeinrichtung
- Anwendung von freiheitsbeschränkenden Maßnahmen
- Verkauf und/oder Vermietung der Wohnung des Vollmachtgebers (Achtung: bei Verkauf notariell beurkundete Vollmacht notwendig!)
- Auflösung des Haushalts und Verwertung/Lagerung von Gegenständen des Vollmachtgebers
- Verwendung von Einkommen und Vermögen des Vollmachtgebers
- Zahlungen vom Konto des Vollmachtgebers, zum Beispiel Geschenke, regelmäßige Unterstützung von (Enkel-)Kindern (Achtung: bei Zahlungen an den Bevollmächtigten oder seine minderjährigen Kinder müssen

in der Vollmacht sog. In-sich-Geschäfte erlaubt sein; → Seite 61 ff.)
- Weiterführung der Geschäfte des Vollmachtgebers (Achtung: eventuell notariell beurkundete Vollmacht notwendig!)
- Versorgung von (Haus-)Tieren
- Regelungen zum Begräbnis und zur Trauerzeremonie

Überlegen Sie sich, wie umfänglich Sie Ihre Festlegungen treffen. Je detaillierter Sie werden, desto länger wird der Schriftsatz, und das Risiko, dass etwas nicht bedacht wurde, steigt. Andererseits sollten Sie die Gelegenheit nutzen, die Dinge, die Ihnen wichtig sind, auch festzuhalten. Präzise sollten Sie vor allem werden, wenn es darum geht, anderen Personen, eventuell sogar Ihrem Bevollmächtigten oder seinen Angehörigen, Geld oder Dinge zu schenken. Hier kann es schnell zu Streit und Missverständnissen kommen, wenn Sie Ihre Vorstellungen nicht genau darlegen.

Haftung/Haftungsausschluss

Haftung des Bevollmächtigten

Nach den allgemeinen Regelungen des Bürgerlichen Gesetzbuches (BGB) sind Bevollmächtigte gegenüber ihrem Vollmachtgebenden, aber auch gegenüber eventuellen Erben oder Behörden, zum Beispiel dem Sozialamt, umfänglich haftbar. Diese Haftung erstreckt sich auch auf leichte Fahrlässigkeit oder das Unterlassen, sich fachlich beraten zu lassen. Eine solche umfängliche Haftung bietet zwar eine große Sicherheit für den Vollmachtgeber, bedeutet jedoch für den Bevollmächtigten ein höheres Haftungsrisiko. Um beiden Seiten gerecht zu werden, können Sie ihn in der Vereinbarung im Innenverhältnis von seinen Haftungspflichten befreien. Wir empfehlen, die Haftung aufgrund leichter Fahrlässigkeit auszuschließen und den Bevollmächtigten nur für vorsätzliche Handlungen und grobe Fahrlässigkeit haften zu lassen.

Eine weitere Option besteht darin, die Beweislast für die ordnungsgemäße Erfüllung der Aufgaben des Bevollmächtigten umzukehren. Üblicherweise muss der Bevollmächtigte nachweisen, dass er alles richtig gemacht hat, wenn es zu Klagen kommt. Wird die Beweislast umgekehrt, muss der Kläger nachweisen, dass der Bevollmächtigte falsch gehandelt hat. Eine solche Erklärung macht es Ihnen als Vollmachtgeber schwerer, den Bevollmächtigten für Fehler zur Rechenschaft zu ziehen. Allerdings gilt dies auch für Behörden, etwa das Sozialamt, oder Erben. Wenn Sie also dem Bevollmächtigten sehr vertrauen und andererseits Probleme mit Dritten vermeiden wollen, ist die Beweislastumkehr ein gutes Mittel, um den Bevollmächtigten bei seinen Aufgaben zu entlasten.

Beweislast umkehren

Sie können in der Vereinbarung im Innenverhältnis auch bestimmen, dass der Bevollmächtigte eine Haftpflichtversicherung abschließen muss, die im Haftungsfall eintritt. Wer die Kosten dafür übernimmt, sollten Sie dann gleich mit festlegen.

Formelle Anforderungen an die Vereinbarung mit dem Bevollmächtigten

Die Vereinbarung im Innenverhältnis ist praktisch ein Vertrag zwischen Vollmachtgeber und Bevollmächtigtem. Wichtig ist daher, dass sie von allen Vertragspartnern mit Ort und Datum unterschrieben wird. Alle Vertragspartner sollten mit vollem Namen und Adresse benannt sein, damit die Vereinbarung später eindeutig zuzuordnen ist. Darüber hinaus gibt es keine speziellen Anforderungen an die Form der Vereinbarung.

Wichtig: Unterschriften der Beteiligten und Nennung von Namen und Adressen

Zwar können Verträge auch mündlich geschlossen werden, aber allein aus Beweisgründen sollten Sie die Vereinbarung schriftlich aufsetzen. Sofern Sie mehrere Bevollmächtigte einsetzen wollen, können Sie mit jedem Einzelnen eine Vereinbarung treffen. Es ist aber auch möglich, eine gemeinsame Vereinbarung mit allen zu treffen.

Für die Vereinbarung im Innenverhältnis werden Sie kaum Formulare finden. Da die Regelungen sehr von individuellen Lebensumständen abhängen, können Ihnen Formulare bestenfalls Anregungen für einen eigenen Text geben. Im hinteren Teil dieses Ratgebers (→ Seite 115 ff.) finden Sie einige Textbausteine als Formulierungshilfe für die Vereinbarung im Innenverhältnis, sowie ab Seite 140 ein einfaches Formular.

Aufbewahrung und Hinterlegung

Die Bevollmächtigten müssen die Originale der Vollmacht vorlegen, wenn sie diese nutzen wollen. Daher sollten sie Originale der Vorsorgevollmacht direkt selbst erhalten. Dafür benötigen Sie unter Umständen mehrere Originale. Die frühzeitige Übergabe des Originals der Vollmacht an den Bevollmächtigten hat den Vorteil, dass dieser sich dann in der akuten Situation gegenüber allen relevanten Stellen als Bevollmächtigter ausweisen und dringend anstehende Entscheidungen sofort treffen kann.

Originale bei Dritten hinterlegen

Wenn Sie Befürchtungen haben, der Bevollmächtigte könnte die Vollmacht frühzeitig (gegen Ihren Willen) einsetzen, können Sie das Dokument auch an eine andere vertrauenswürdige Person, zum Beispiel einen Freund oder den Notar, geben. Diese sollten Sie schriftlich anweisen, unter welchen Bedingungen sie das Original dem Bevollmächtigten aushändigen dürfen. Eine solche Regelung kann jedoch den Nachteil haben, dass die Vollmacht im Notfall nicht schnell genug greifbar ist.

Für die meisten seiner Handlungen muss der Bevollmächtigte die Vollmacht im Original vorlegen. Einige Dinge wird er per Post erledigen und die Vollmacht mitschicken, beispielsweise bei der Kündigung eines Zeitungsabos. Es kann sogar sein, dass bei manchen Angelegenheiten die Vollmacht in den Unterlagen des Geschäftspartners verbleibt. Sie können daher dem Bevollmächtigten seine Tätigkeit sehr erleichtern, wenn er nicht nur ein Exemplar der Vollmacht erhält, sondern mehrere. Wenn Sie die Vollmacht selbst erstellt haben, drucken Sie sie einfach mehrmals aus und unterschreiben Sie alle Exemplare mit Ort und Datum. Sofern Sie Ihre Vollmacht beim Notar haben beurkunden lassen, besteht die Möglichkeit, gegen Gebühr Abschriften der Vollmachtsurkunde zu erhalten.

Mehrere Originale an den Bevollmächtigten geben

Seit einigen Jahren besteht die Möglichkeit, in einem elektronischen Register der Bundesnotarkammer erfassen zu lassen, dass Sie eine Vorsorgevollmacht (und Betreuungsverfügung) erstellt haben. Beachten Sie: Hier wird weder das Original der Vollmacht aufbewahrt noch werden alle inhaltlichen Details erfasst. Es ist vielmehr eine Datenbank, in der festgehalten wird, wer wem eine Vorsorgevollmacht für welche Lebensbereiche erteilt hat. Auf dieses Register können die Betreuungsgerichte via Internet zugreifen und so prüfen, ob bei einer anstehenden Entscheidung eine Vertretungsperson für den Betroffenen benannt ist und deshalb auf eine Betreuung verzichtet werden kann beziehungsweise ob Verfügungen des Betroffenen zu einer Betreuung vorliegen. Andere Personen oder Institutionen, zum Beispiel Privatpersonen oder Anwälte, können allerdings nicht auf diese Datenbank zugreifen, sie ist ausschließlich zur Information der Gerichte gedacht. Es besteht jedoch keine Verpflichtung, dass sich Amtsrichter über die Datenbank informieren müssen. Insofern bietet die Registrierung allein keine Sicherheit, dass tatsächlich rechtzeitig bekannt wird, ob eine Vorsorgevollmacht oder Betreuungsverfügung existiert.

Register der Bundesnotarkammer

Datenbank der Deutschen Verfügungszentrale

Eine ähnliche Datenbank wie das Vorsorgeregister bietet die Deutsche Verfügungszentrale. Auf diese Datenbank können jedoch nicht nur Gerichte zugreifen, sondern auch Krankenhäuser. Adressen beider Register finden Sie im Anhang (→ Seite 162ff.).

Die Vereinbarung im Innenverhältnis erhalten Vollmachtgeber und Bevollmächtigter jeweils als Original. Diese Vereinbarung muss für die Ausübung der Aufgaben des Bevollmächtigten nicht vorgelegt werden. Insofern reicht es, wenn die Vertragsparteien jeweils ein Original haben. Es ist vor allem dann von Bedeutung, wenn es darum geht, die Rechtmäßigkeit des Handelns des Bevollmächtigten nachzuweisen. Daher sollte diese Vereinbarung von beiden Beteiligten sorgfältig aufbewahrt werden.

Widerruf von Vollmacht und Vereinbarung mit dem Bevollmächtigten

Auf Aktualisierungen achten

Auch eine Vorsorgevollmacht können Sie jederzeit ändern, vorausgesetzt, Sie sind voll geschäftsfähig. Sie sollten die Vollmacht in regelmäßigen Abständen auf ihre Aktualität prüfen. Vielleicht haben sich Ihre Lebensumstände geändert (zum Beispiel Bau eines Hauses, Trennung vom Ehepartner), sodass nun andere Aspekte zu berücksichtigen sind. Anders als die Patientenverfügung sollten Sie aber nicht regelmäßig mit Ihrer Unterschrift bestätigen, dass die Vollmacht ohne Änderungen weiterhin gelten soll. Unter Umständen kann dies genau zum Gegenteil des Gewünschten führen, nämlich dass Zweifel entstehen, ob die Vollmacht auch zum aktuellen Zeitpunkt noch gültig ist. Ergänzen oder ändern Sie also nur dann etwas, wenn es notwendig ist.

Sind nur kleine Änderungen notwendig, können Sie diese direkt in die vorhandenen Originale einfügen oder unter den ursprünglichen Text anfügen. Dieser Anhang sollte allerdings möglichst nicht auf einem neuen Blatt anfangen, damit der Zusammenhang mit der Vollmacht erkennbar bleibt.

Stehen größere Änderungen an, sollten Sie die alte Vollmacht widerrufen und eine neue aufsetzen. Die neue Vollmacht kombinieren Sie am besten mit dem Widerruf. Wenn Sie den Bevollmächtigten wechseln wollen, sollten Sie auch dem ursprünglichen Bevollmächtigten eine Kopie des Widerrufs zukommen lassen.

Bei Aktualisierungen alle alten Versionen einbeziehen

Bedenken Sie, dass Sie bei Änderungen alle alten Versionen mit einbeziehen beziehungsweise vernichten sollten, damit nicht gleichzeitig ältere und neuere Originale und Kopien der Vollmacht kursieren. Um den Überblick zu behalten, empfiehlt es sich, die Zahl der Originale und Kopien klein zu halten und sie deutlich mit einem Datum zu kennzeichnen. Machen Sie auf der neuen Fassung deutlich, dass sie die alte Vollmacht mit entsprechendem Datum ersetzen soll. Wurde die alte Version der Vollmacht notariell beurkundet oder beglaubigt, sollte dies auch mit der neuen Version geschehen.

Vergessen Sie nicht, die neuen Originale und Kopien wieder an die von Ihnen gewählten Vertrauenspersonen zu geben.

Vergleichbare Regelungen wie für die nach außen wirksame Vollmacht gelten auch für die Vereinbarung zwischen Vollmachtgeber und Bevollmächtigtem im Innenverhältnis. Auch diese sollten Sie nur ändern, wenn es notwendig ist. Achten Sie darauf, dass bei Änderungen in einem bestehenden Dokument alle Vertragspartner diese Änderung durch ihre Unterschrift bestätigen.

Checkliste für die Vorsorgevollmacht und die Vereinbarung zwischen Vollmachtgeber und Bevollmächtigtem

Vorab zu klären:

Gibt es eine Person, der Sie umfassend vertrauen, sodass Sie ihr eine Vollmacht für Ihre persönlichen und finanziellen Angelegenheiten erteilen wollen, und ist diese Person in der Lage, Ihre Angelegenheiten zu regeln?

☐ Ja, eine: Erstellen Sie eine Vollmacht und eine Vereinbarung mit dem Bevollmächtigten im Innenverhältnis. Die Betreuungsverfügung und Patientenverfügung sind eine sinnvolle Ergänzung.

☐ Ja, mehrere: Achten Sie auf klare Regelungen in der Vereinbarung mit den Bevollmächtigten. (⇢ Seite 65 ff.)

☐ Nein: Erstellen Sie besser eine ausführliche Betreuungsverfügung und gegebenenfalls eine Patientenverfügung.

Wichtige Inhalte:

☐ Ist die Vollmacht nach außen ohne Einschränkungen gültig?

☐ Gibt es eine Vereinbarung mit dem/n Bevollmächtigten im Innenverhältnis, die alle Details zur Ausgestaltung der Vollmacht enthält? (⇢ Seite 65 ff.)

☐ Enthält die Vollmacht ausdrücklich das Recht, über lebenserhaltende medizinische Maßnahmen zu entscheiden? (⇢ Seite 56 ff.)

☐ Enthält die Vollmacht ausdrücklich das Recht, über den Aufenthaltsort und den Einsatz von freiheitsbeschränkenden Maßnahmen zu entscheiden? (⇢ Seite 58 ff.)

☐ Ist eine Betreuungsverfügung in die Vollmacht integriert?

☐ Ist die Vollmacht über den Tod hinaus gültig? (⇢ Seite 62)

☐ Darf der Bevollmächtigte Untervollmachten erteilen?

☐ Ist die Haftung des Bevollmächtigten geregelt? (➝ Seite 68 f.)

☐ Sind Regelungen zur „Aufwandsentschädigung“ inklusive Übernahme der Kosten für eine Haftpflichtversicherung und Fachberatung für den Bevollmächtigten in der Vereinbarung enthalten? (➝ Seite 51)

☐ Hat ein unabhängiger Dritter den „Vollbesitz der geistigen Kräfte“ des Vollmachtgebers bestätigt?

Sonderfälle:

☐ Gibt es minderjährige Kinder, für die gesorgt werden muss? ➝ Sorgerechtsverfügung handschriftlich erstellen und in Vollmacht und Testament aufnehmen (Seite 63 ff.)

☐ Soll der Bevollmächtigte über Grundstücke, Immobilien oder große Vermögenswerte bestimmen? ➝ Notarielle Beurkundung erforderlich (Seite 55)

☐ Soll der Bevollmächtigte mit sich selbst oder seinen minderjährigen Kindern Geschäfte tätigen oder Schenkungen veranlassen? ➝ Regelung für In-sich-Geschäfte in Vollmacht und Vereinbarung (Seite 59)

Außerdem nicht vergessen:

☐ Hat jede/r Beteiligte mindestens ein Original von Vollmacht und Vereinbarung?

☐ Gibt es Bankvollmachten, die von den jeweiligen Banken akzeptiert sind? (➝ Seite 62 f.)

☐ Gibt es eine gesonderte Postvollmacht?

☐ Gibt es eine Übersicht, wer welche Unterlagen hat?

Checkliste für den Bevollmächtigten

Vorab zu klären:

Sind Sie zeitlich und fachlich in der Lage und auch willens, die Aufgaben als Bevollmächtigter zu übernehmen?

- ☐ Ja: Unterschreiben Sie die Vollmacht und die Vereinbarung mit dem Vollmachtgeber. Bleiben Sie regelmäßig in Kontakt, damit Sie die aktuellen Lebensumstände des Vollmachtgebers kennen und die Vollmacht dementsprechend nutzen können.

- ☐ Nein: Leisten Sie keine Unterschrift unter die Dokumente. Versuchen Sie, die betreffende Person davon zu überzeugen, dass Sie nicht geeignet sind und gegebenenfalls eine Betreuungsverfügung, die sich auch an Dritte richten kann, sinnvoller ist.

Vollmacht und Vereinbarung mit dem Vollmachtgeber

- ☐ Ist die Vollmacht nach außen ohne Einschränkungen gültig?

- ☐ Gibt es eine Vereinbarung mit dem Vollmachtgeber im Innenverhältnis, die alle Details zur Ausgestaltung der Vollmacht enthält? (→ Seite 65 ff.)

- ☐ Dürfen Sie Untervollmachten erteilen?

- ☐ Ist Ihre Haftung als Bevollmächtigter geregelt? (→ Seite 68 f.)

- ☐ Sind Regelungen zur „Aufwandsentschädigung“ inklusive Übernahme der Kosten für eine Haftpflichtversicherung und Fachberatung für Sie als Bevollmächtigter in der Vereinbarung enthalten? (→ Seite 51)

- ☐ Gibt es Regelungen zu „In-sich-Geschäften“ in Vollmacht und Vereinbarung (→ Seite 61)

- ☐ Haben Sie mehrere Originale und Kopien der Vollmacht?

- ☐ Gibt es gesonderte Bankvollmacht/en, die von dem/den Kreditinstitut/en anerkannt wird?

Zu Beginn der Übernahme der Vollmacht

- ☐ Liegt mindestens ein Original der Vollmacht griffbereit vor?
- ☐ Machen Sie mehrere Kopien der Vollmacht.
- ☐ Machen Sie eine schriftliche Bestandsaufnahme aller Konten und Vermögenswerte.
- ☐ Schließen Sie eine Haftpflichtversicherung ab, oder ergänzen Sie die bestehende Haftpflichtversicherung, sodass Personen- und auch Vermögensschäden, die aufgrund der Übernahme der Tätigkeiten als Bevollmächtigter entstehen könnten, umfassend abgedeckt sind.
- ☐ Lassen Sie sich beraten, wenn absehbar ist, dass umfängliche Aufgaben auf Sie als Bevollmächtigter zukommen.

Während der Tätigkeit als Bevollmächtigter

- ☐ Bewahren Sie Rechnungen und Kontoauszüge auf.
- ☐ Vermeiden Sie Barabhebungen. Falls diese nötig sind, sollten sie durch Belege legitimiert sein.
- ☐ Führen Sie gegebenenfalls ein Haushaltsbuch. ⇢ Weitere Infos in dem Ratgeber „Das Haushaltsbuch“, www.vz-ratgeber.de
- ☐ Erstellen Sie gegebenenfalls jährlich eine Übersicht über Ein- und Ausgänge des Kontos des Bevollmächtigten.
- ☐ Halten Sie sich bei In-sich-Geschäften und Schenkungen genau an die Regelungen in Vollmacht und Vereinbarung mit dem Bevollmächtigten. Dokumentieren Sie diese besonders sorgfältig.

☐ Machen Sie Kopien von allen Originalunterlagen, die Sie als Bevollmächtigter versenden oder abgeben.

☐ Nutzen Sie eine Fachberatung bei schwierigen Entscheidungen. Dokumentieren Sie die Inhalte der Beratung und die Ausgaben dafür.

☐ Dokumentieren Sie wichtige Entscheidungen (zum Beispiel Umzug in ein Heim und Auflösung der Wohnung), eventuell auch die Einzelschritte dazu, inklusive der Gespräche mit dem Vollmachtgeber, Experten, Familienmitgliedern oder sonstigen Personen.

☐ Sofern möglich, lassen Sie sich in regelmäßigen Abständen (zum Beispiel (halb)jährlich) vom Vollmachtgeber bestätigen, dass Sie die Vollmachtstätigkeit in seinem Sinne ausführen.

Hinweis: Je größer die Wahrscheinlichkeit ist, dass Erben, Sozialbehörden oder sonstige Institutionen Zweifel an Ihrer ordnungsgemäßen Tätigkeit als Bevollmächtigter haben, desto sorgfältiger sollten Sie alle Finanzbewegungen und Entscheidungen dokumentieren.

Am Ende der Übernahme der Vollmacht

☐ Machen Sie eine schriftliche Bestandsaufnahme aller Konten und Vermögenswerte.

☐ Achten Sie darauf, dass die Erben Ihre Vollmacht widerrufen, sonst sind sie weiterhin – nun in deren Namen – als Bevollmächtigter tätig und verantwortlich.

4 Betreuungsverfügung

Für einen volljährigen Menschen, der seine Angelegenheiten nicht mehr selbst regeln kann und der keine andere Person bevollmächtigt hat, muss eine gesetzliche Betreuung eingerichtet werden. Mit „Betreuung“ ist die Vertretung in rechtlichen Angelegenheiten gemeint.
Mit einer Betreuungsverfügung können Sie dem Gericht mitteilen, wer Ihre Betreuung übernehmen soll.

Sind keine Anhaltspunkte vorhanden, aus denen ersichtlich ist, wer die Betreuung übernehmen soll, wählt das Gericht eine „geeignete" Person aus, in erster Linie Angehörige. Stehen diese nicht zur Verfügung, greift das Gericht auf Mitarbeiter der Betreuungsvereine oder freie Berufsbetreuer (häufig Rechtsanwälte) zurück.

✕ § 1896 BGB: Voraussetzungen für eine rechtliche Betreuung (Auszug)

1) Kann ein Volljähriger auf Grund einer psychischen Krankheit oder einer körperlichen, geistigen oder seelischen Behinderung seine Angelegenheiten ganz oder teilweise nicht besorgen, so bestellt das Betreuungsgericht auf Antrag oder von Amts wegen für ihn einen Betreuer. (...)

2) Ein Betreuer darf nur für Aufgabenkreise bestellt werden, in denen die Betreuung notwendig ist. Die Betreuung ist nicht erforderlich, soweit die Angelegenheiten des Volljährigen durch einen Bevollmächtigten (...) oder durch andere Hilfen, bei denen kein gesetzlicher Vertreter bestellt wird, ebenso gut wie durch einen Betreuer besorgt werden können.

3) Als Aufgabenkreis kann auch die Geltendmachung von Rechten des Betreuten gegenüber seinem Bevollmächtigten bestimmt werden. (...)

Obwohl das Betreuungsverfahren gesetzlich geregelt ist, macht es Sinn, eine Betreuungsverfügung zu erstellen. So können Sie dem Gericht mitteilen, wer Ihre Betreuung wahrnehmen soll, und Ihre Wünsche darlegen, an denen das Gericht und der Betreuer sich bei ihren Entscheidungen orientieren sollen. Allerdings kann es Situationen geben, in denen man sich zu Ihrem Wohl über Ihre Wünsche hinwegsetzt. Die heutigen Regelungen zur Betreuung ersetzen die „Entmündigung". Während bei dem früheren Verfahren dem Betroffenen zumindest indirekt die Fähigkeit aberkannt wurde, eigene Entscheidungen zu treffen, soll nun so weit wie möglich die Selbstbestimmung des Betroffenen berücksichtigt werden. Insofern muss sich das Handeln des Betreuers grundsätzlich am mitgeteilten oder niedergeschriebenen Willen des Betreuten und nicht an den Vorstellungen des Betreuers orientieren. Der Betreuer wird durch das Betreuungsgericht kontrolliert und muss nachweisen können, dass er die Entscheidungen im Interesse des Betreuten getroffen hat.

Ein Betreuer soll in Ihrem Sinn handeln

Formelle Anforderungen

Um eine Betreuungsverfügung aufzusetzen, müssen Sie nicht geschäftsfähig sein, allerdings sollten Sie in der Lage sein, die Tragweite Ihrer Entscheidungen zu erfassen. Minderjährige können zwar eine Betreuungsverfügung verfassen, allerdings haben sie bis zum 18. Geburtstag die Sorgeberechtigten, in der Regel die Eltern, einzubeziehen, sodass die Einrichtung einer Betreuung erst bei Volljährigen notwendig ist.

Für die Form gilt Ähnliches wie für die Vorsorgevollmacht. Die Betreuungsverfügung muss schriftlich niedergelegt und sowohl vom Betroffenen als auch möglichst durch den Wunschbetreuer mit Ort und Datum unterschrieben werden. Eine notarielle Beurkundung ist nicht notwendig; allerdings können Sie zur Sicherheit die Unterschrift durch die Betreuungsbehörde oder einen Notar (→ Seite 54 f.) beglaubigen lassen.

Schriftliche Verfügung

Für Betreuungsverfügungen stehen zahlreiche Mustervorlagen im Internet oder in Broschüren zur Verfügung. Für deren Nutzung gilt das Gleiche wie bei der Vorsorgevollmacht (→ Seite 53).

Der Betreuer

Eine Person Ihres Vertrauens ...

Bei der Wahl des Betreuers gilt grundsätzlich Ähnliches wie bei der Auswahl des Bevollmächtigten für die Vorsorgevollmacht. Wenn Sie bereits eine Vorsorgevollmacht verfasst haben, können Sie darin eine weitere Vertrauensperson, aber auch Ihren Bevollmächtigten selbst als „Wunschbetreuer" benennen. Dadurch verbinden Sie die Vollmacht mit der Betreuungsverfügung.

✕ § 1901 BGB: Umfang der Betreuung, Pflichten des Betreuers (Auszug)

1) Die Betreuung umfasst alle Tätigkeiten, die erforderlich sind, um die Angelegenheiten des Betreuten nach Maßgabe der folgenden Vorschriften rechtlich zu besorgen.

2) Der Betreuer hat die Angelegenheiten des Betreuten so zu besorgen, wie es dessen Wohl entspricht. (...)

3) Der Betreuer hat Wünschen des Betreuten zu entsprechen, soweit dies dessen Wohl nicht zuwider läuft und dem Betreuer zuzumuten ist. Dies gilt auch für Wünsche, die der Betreute vor Bestellung des Betreuers geäußert hat, es sei denn, dass er an diesen Wünschen nicht festhalten will. (...)

... aber nicht jeder darf diese Aufgabe übernehmen

Falls Sie bereits in einem Heim oder einer ähnlichen Einrichtung leben, darf kein Mitarbeiter dieser Einrichtung Betreuer werden, der zu dieser in einem Abhängigkeitsverhältnis oder in einer anderen engen Beziehung steht. Das Gericht kommt Ihrem Vorschlag grundsätzlich nach. Allerdings darf das Gericht nur einen „geeigneten" Betreuer bestellen. Das bedeutet, dass der „Wunschbetreuer" zum Beispiel nicht selbst betreut werden darf, sondern voll geschäftsfähig sein sollte.

Kontrolle der Betreuer

Immer wieder hört man von Fällen, in denen Betreuer ihre Rechte ausgenutzt und entweder dem Betreuten (vor allem finanziell) geschadet oder sich selbst bereichert haben sollen. Was viele nicht wissen: Gesetzliche Betreuer werden durch das Gericht, das sie eingesetzt hat, regelmäßig kontrolliert. Ein Betreuer muss dem Gericht jährlich Bericht zur Lebenssituation des Betreuten erstatten und darlegen, welche Maßnahmen er im Sinne des Betreuten getroffen hat. Außerdem muss er dem Gericht darüber Auskunft erteilen, ob eine Betreuung weiterhin notwendig oder eine Änderung des Aufgabenkreises sinnvoll ist. Wenn Angehörige die Betreuung übernehmen, kann das Gericht das Intervall für die Berichte auf maximal drei Jahre erhöhen. Betreuer mit dem Aufgabenbereich „Vermögenssorge" müssen regelmäßig, in der Regel jährlich, einen Bericht über die Vermögenslage des Betroffenen vorlegen und Rechenschaft über die Maßnahmen der Vermögenssorge ablegen. Dazu gehört auch, dass Kontoauszüge und Sparbücher des Betreuten vorgelegt werden müssen. Auch bei der Rechnungslegung können für Angehörige abweichende Regelungen getroffen werden.

Weniger Kontrolle bei Angehörigen, da das Gericht ein besonders Vertrauensverhältnis vermutet

Abgesehen von der Berichts- und Rechenschaftspflicht müssen Betreuer für viele Entscheidungen eine Genehmigung des Betreuungsgerichts einholen. Dies betrifft beispielsweise freiheitsbeschränkende Maßnahmen, wie es auch für Bevollmächtigte gilt. Außerdem gelten die gleichen Regeln wie bei der Zustimmung zu schwerwiegenden medizinischen Eingriffen und der Beendigung lebenserhaltender Maßnahmen: Eine gerichtliche Genehmigung ist nur notwendig, wenn sich Arzt und Betreuer nicht einig sind. Darüber hinaus sind weitere Entscheidungen des Betreuers genehmigungspflichtig. Dazu gehören unter anderem die Auflösung der Wohnung des Betreuten, das Abschließen von Miet- und Pachtverträgen mit einer Laufzeit von mehr als vier Jahren, das Ausschlagen einer

Erbschaft und das Schließen eines Darlehensvertrags für den Betreuten.

Von Amts wegen unterliegen Betreuer der Aufsicht des Gerichts. Deshalb muss das Gericht auch Beschwerden Dritter über eine nicht im Sinne des Betroffenen durchgeführte Betreuung nachgehen. Allerdings wird das Gericht sich nicht nur auf bloße Verdächtigungen verlassen, sondern konkrete Hinweise und Beweise fordern.

» **Tipp**

Die Checkliste für Bevollmächtigte (⇢ Seite 76 ff.) ist auch für Betreuer hilfreich.

Ähnlich wie ein Bevollmächtigter (⇢ Seite 68 f.) ist ein Betreuer außerdem gegenüber dem Betreuten und ggf. seinen Erben haftbar. Diese Haftung besteht neben der Berichtspflicht gegenüber dem Betreuungsgericht. Selbst wenn das Betreuungsgericht die Berichte und die Rechnungslegung des Betreuers akzeptiert hat, kann der Betreuer unter Umständen in einem Prozess zu Schadenersatz verpflichtet werden. Umso wichtiger ist es, dass die Betreuungsverfügung in finanziellen Angelegenheiten möglichst konkret formuliert ist. Betreuer sollten alle Unterlagen und Begründungen zu Finanzangelegenheiten sorgfältig aufbewahren, um die Rechtmäßigkeit ihres Handelns auch nach Jahren nachweisen zu können. Für ehrenamtlich tätige Betreuer haben die Bundesländer Sammelhaftpflichtversicherungen abgeschlossen. Diese decken jedoch oft nur geringe Vermögensschäden. Betreuer sollten daher gegebenenfalls selbst eine Haftpflichtversicherung abschließen.

Inhalt der Betreuungsverfügung

Hinweise an das Gericht

Mit der Betreuungsverfügung können Sie zunächst gegenüber dem Gericht festlegen, wen Sie sich als Betreuer wünschen. Daneben können Sie dem Betreuer Vorgaben machen, was Sie wie geregelt haben wollen. Wenn einzelne Bereiche nicht von Ihnen angesprochen oder in allen

Details beschrieben werden, ist der Betreuer verpflichtet, aus den ihm vorliegenden Unterlagen und Informationen Ihren Willen zu ermitteln. Gibt es eine Vorsorgevollmacht und detaillierte Vereinbarungen im Innenverhältnis, können Sie in der Betreuungsverfügung darauf verweisen. Wenn Sie keine Vorsorgevollmacht erstellt haben, können Sie sich an den Formulierungsvorschlägen für eine Vorsorgevollmacht und eine Vereinbarung im Innenverhältnis orientieren (→ Seiten 110 ff. und 115 ff.).

Wünsche für das Verfahren zur Einrichtung der Betreuung

Sie können festlegen, wen Sie sich zur Anhörung bei Gericht wünschen, wenn über eine gerichtliche Betreuung entschieden werden soll. Hier können Sie auch einen Arzt oder medizinischen Sachverständigen Ihres Vertrauens nennen, der beurteilen soll, ob Sie nicht mehr selbstständig entscheiden können.

Festlegung des Betreuers

Einer der wichtigsten Inhalte der Betreuungsverfügung ist die Bestimmung, wer die Betreuung übernehmen soll. Es ist empfehlenswert, nicht nur eine Person als Wunschbetreuer zu benennen. Für den Fall, dass diese Person die Betreuung nicht übernehmen kann, sollten Sie weitere Ersatzpersonen benennen. Zur Auswahl können Sie beispielsweise eine Reihenfolge festlegen oder das Gericht anweisen, nach fachlicher Eignung zu entscheiden.

Mehrere Wunschbetreuer nennen

Mit der Betreuungsverfügung können Sie auch bestimmen, welche Person auf keinen Fall als Betreuer ausgewählt werden soll.

Bestimmungen für das persönliche Lebensumfeld

Sie können regeln, wie Sie sich Ihr persönliches Lebensumfeld bei Krankheit und Pflege vorstellen. Dabei können Sie alle Ihnen wichtige Situationen in Einzelheiten festlegen, zum Beispiel, in welchem Pflegeheim Sie versorgt

Der Umzug in ein Heim kann nicht generell abgelehnt werden

werden möchten, wenn das erforderlich wird. Oder Sie verfügen, dass Sie so lange wie möglich zu Hause versorgt werden möchten und wer Sie gegebenenfalls pflegen soll. Sie können allerdings nicht generell eine Unterbringung in einem Heim ablehnen. Falls Ihr persönliches Wohl andernfalls nicht mehr gesichert ist, muss der Betreuer entsprechend handeln.

Zuwendungen an Dritte

In der Betreuungsverfügung können Sie festlegen, in welchem Umfang Sie jemanden finanziell unterstützen wollen (zum Beispiel durch Geschenke). Hierfür sind im Betreuungsrecht jedoch Grenzen gesetzt. So dürfen Ehe- oder Lebenspartner sowie Verwandte in gerader Linie des Betreuers nur Geschenke erhalten, wenn hierfür der Wille des Betreuten erkennbar ist (zum Beispiel durch eine Festlegung in einer Betreuungsverfügung) und die Geschenke den Lebensverhältnissen des Betreuten entsprechen.

Mit sich selbst oder seinen minderjährigen Kindern darf der Betreuer im Auftrag des Betreuten grundsätzlich keine Geschäfte tätigen. Einzige Ausnahme: In der Betreuungsverfügung wurde ausdrücklich etwas anderes festgelegt. Wer also beispielsweise seine Kinder als Betreuer wünscht und seinen Enkelkindern Geschenke oder ein Wohnrecht zukommen lassen will, sollte dies in der Betreuungsverfügung festhalten. Da das Missbrauchspotenzial und das Risiko für Streitigkeiten mit Erben in solchen Fällen besonders hoch sind, sollten Sie in der Betreuungsverfügung sehr genau regeln, ob und in welchem Umfang der Betreuer mit sich selbst Geschäfte tätigen kann.

Notarielle Beratung ist bei bestimmten Geschäften sinnvoll

Vor allem bei Grundstücken oder Firmengeschäften sollten Sie sich notariell beraten lassen. Prinzipiell können Sie einiges von dem, was Sie in einem Testament regeln können, auch hier bestimmen. Beachten Sie aber: Im Gegensatz zum Testament, das Ihren letzten Willen darstellt, der nach Ihrem Tod nicht mehr geändert werden kann, hat ein Betreuer einen Spielraum für konkrete Entscheidungen. Mit dem Tod endet die Betreuung. Ein Testament ist daher nicht überflüssig.

Anweisungen zur Heilbehandlung und Unterbringung

Da der Betreuer ohnehin Ihre Patientenverfügung berücksichtigen muss, ist es nicht notwendig, etwas festzulegen, was darüber hinausgeht. Wenn Sie keine Patientenverfügung erstellt haben, sollten Sie das Gewünschte in Ihrer Betreuungsverfügung niederschreiben. Der Betreuer muss Ihren mutmaßlichen Willen ermitteln, wofür insbesondere schriftliche oder mündliche Äußerungen zu medizinischen Behandlungen und persönlichen Wertvorstellungen herangezogen werden.

Aufgaben, die der Betreuer nicht übernehmen kann

Grundsätzlich kann der Betreuer nur innerhalb der ihm zugewiesenen Aufgabenbereiche tätig werden. Wenn er der Auffassung ist, dass darüber hinaus eine gesetzliche Vertretung notwendig ist, muss er beim Betreuungsgericht eine Änderung des Aufgabenkreises beantragen.

Um bestimmte persönliche Belange kann sich ein Betreuer nicht kümmern

Es gibt jedoch einige höchstpersönliche Angelegenheiten, die ein Betreuer nicht übernehmen kann. Der Betreuer muss allerdings den Betreuten so weit wie möglich unterstützen, damit dieser seine höchstpersönlichen Angelegenheiten selbst regeln kann. Dazu gehören beispielsweise eine Heirat oder das Abfassen eines Testaments. Außerdem haben viele Menschen, für die eine Betreuung eingerichtet wurde, auch weiterhin ein Wahlrecht. Der Betreuer muss den Betreuten bei der Ausübung des Wahlrechts unterstützen, darf aber nicht an seiner Stelle wählen. Nur wenn eine Betreuung für „alle Angelegenheiten“ eingerichtet wurde, wird der Betreute aus dem Wählerverzeichnis gestrichen.

Wirksamkeit/Widerruf

Einrichtung der Betreuung nur bei aktuellem Bedarf

Die Betreuungsverfügung entfaltet erst dann ihre Wirkung, wenn aus rechtlicher Sicht vom Gericht ein Betreuer bestellt werden muss. Das ist dann der Fall, wenn Sie aufgrund einer psychischen Erkrankung oder einer körperlichen, geistigen oder seelischen Behinderung Ihre Angelegenheiten nicht mehr selbst besorgen können. Vorher kann die von Ihnen benannte Person nicht für Sie handeln oder auftreten. Eine Betreuung wird außerdem nicht schon vorsorglich, quasi auf Verdacht, eingerichtet und gilt jeweils nur für den Lebensbereich, für den eine gesetzliche Vertretung notwendig ist. Mögliche Bereiche wären zum Beispiel Vermögensangelegenheiten, Gesundheitsfürsorge, Wohnungsangelegenheiten, Rentenangelegenheiten und Bestimmung des Aufenthalts. So kann eventuell eine Vertretung in finanziellen Angelegenheiten notwendig sein, aber Entscheidungen zur Gesundheitsvorsorge kann der Betroffene noch selbst treffen.

Ein Widerruf ist jederzeit möglich

Sie können Ihre Betreuungsverfügung jederzeit widerrufen. Dafür sollten Sie das Original der ersten Verfügung entweder ändern oder vernichten und das überarbeitete oder neue Dokument wieder an seinem alten Platz hinterlegen. Achten Sie auch hier darauf, verteilte Kopien durch neue zu ersetzen.

Auch wenn Sie Ihre Betreuungsverfügung nicht schriftlich geändert haben, können Sie dem Betreuer jederzeit mündlich abweichende Anweisungen erteilen. Der Betreuer ist dazu verpflichtet, den aktuellen Willen des Betreuten zu ergründen. Deshalb muss er alle anstehenden Entscheidungen mit Ihnen besprechen, soweit es möglich ist. Dann können Sie auch anderes bestimmen, als ursprünglich in der Betreuungsverfügung festgelegt wurde.

Aufbewahrung/Hinterlegung

In manchen Bundesländern können Betreuungsverfügungen bei den Betreuungsgerichten hinterlegt werden. In Bremen, Hessen, Niedersachsen, Saarland, Sachsen, Sachsen-Anhalt und Thüringen ist dies flächendeckend möglich; in anderen Bundesländern ist es den Gerichten freigestellt. Wenn Sie die Betreuungsverfügung mit einer Vorsorgevollmacht und/oder einer Patientenverfügung verbunden haben, werden diese teilweise mit verwahrt. Erkundigen Sie sich deshalb gegebenenfalls beim Amtsgericht Ihres Wohnortes. Inhalte von Betreuungsverfügungen, die in den Registern der Bundesnotarkammer oder der Deutschen Verfügungszentrale erfasst sind, können Gerichte elektronisch abrufen (→ Seite 161 f.).

Manchmal Hinterlegung bei Gericht möglich

Kosten der Betreuung

Für das gerichtliche Betreuungsverfahren fallen je nach Vermögen des Betreuten jährlich Gerichtskosten an. Darüber hinaus kann das Gericht seine Auslagen in Rechnung stellen. Bei sehr aufwendigen Betreuungen kann das Gericht auch eine höhere Aufwandsentschädigung festlegen.

Was viele nicht wissen: Betreuer haben Anspruch auf den Ersatz von Aufwendungen beziehungsweise auf eine Vergütung. Ehrenamtliche Betreuer haben die Wahl zwischen einer pauschalen Aufwandsentschädigung in Höhe von zurzeit jährlich 399 Euro oder dem Nachweis jeder einzelnen Aufwendung, beispielsweise Fahrtkosten, per Beleg. Berufsbetreuer erhalten eine Vergütung nach gesetzlich festgelegten Stundensätzen. Je nach beruflicher Qualifikation betragen diese 27 Euro, 33,50 Euro oder 44 Euro pro Stunde. Abgerechnet wird nach genau festgelegten Vergütungspauschalen, die abhängig davon sind, wie lange

Vergütung ist gesetzlich geregelt

die Betreuung besteht, ob der Betreute in einem Heim lebt und ob er die Kosten selbst übernimmt. So schwanken die Pauschalen für „Selbstzahler“ zwischen 2,5 und 5,5 Stunden pro Monat bei Betreuten im Heim und zwischen 4,5 und 8,5 Stunden pro Monat bei Betreuten, die zu Hause leben. Falls der Betreute mittellos (im Sinne des Sozialhilferechts) ist, übernimmt die Staatskasse die Kosten. In diesem Fall gelten geringere Zeitpauschalen.

5

Ihre persönlichen Vorstellungen

Krankheit und Sterben – welche Wünsche, Vorstellungen und Werte sind Ihnen wichtig? Die Fragen in diesem Kapitel helfen Ihnen, Ihre Patientenverfügung zu formulieren – und anderen, den Patientenwillen zu erkennen.

Damit Ihre Wünsche auch wirklich umgesetzt werden, sollten Sie Ihre vorsorgenden Verfügungen so aufsetzen, dass andere Menschen nachvollziehen können, was Sie möchten. Deshalb sollten Sie Ihre Anschauungen vom Leben und Sterben so konkret wie möglich beschreiben. Mit den neuen gesetzlichen Regelungen zur Umsetzung des Patientenwillens hat die Beschreibung persönlicher Vorstellungen noch mehr an Bedeutung gewonnen. Immer dann, wenn eine Patientenverfügung nicht vorliegt oder auf die aktuelle Situation nicht anwendbar ist, müssen Arzt, Bevollmächtigter oder Betreuer den mutmaßlichen Willen des Patienten ermitteln. Dazu wird im Gesetz ausdrücklich auf mündliche oder schriftliche Äußerungen sowie ethische und religiöse Überzeugungen und sonstige Wertvorstellungen verwiesen.

Auf den folgenden Seiten finden Sie Fragen zu einzelnen Lebensbereichen. Sie sollen Ihnen helfen, sich mit den Themen Krankheit und Sterben auseinanderzusetzen. Welche weiteren Situationen wären in Ihrem Leben denkbar? Ergänzen Sie gegebenenfalls solche Aspekte in den folgenden Auflistungen.

Vielleicht mögen Sie diese oder ähnliche Problemstellungen mit Familienmitgliedern und Freunden diskutieren. Sie sollten auch einen Arzt Ihres Vertrauens über medizinische Behandlungsmöglichkeiten und Krankheitsfolgen befragen. Diese Gespräche werden Ihnen helfen, sich über Ihre Werte, Wünsche und Vorstellungen klar zu werden. Darüber hinaus ergibt sich so die Gelegenheit, späteren Betreuungspersonen Ihre Ansichten zu verdeutlichen sowie Wünsche und Wirklichkeit miteinander abzugleichen.

Nehmen Sie sich die Zeit, sich umfassend mit dem Thema zu beschäftigen

Für die Fragen nehmen Sie sich am besten die Zeit, sie schriftlich zu beantworten. Dann haben Sie bereits das Gerüst entwickelt, um eine Patientenverfügung, eine

Vorsorgevollmacht oder eine Betreuungsverfügung zu verfassen. Wenn Sie Ihre Verfügungen nach einiger Zeit überprüfen, beantworten Sie die Fragen noch einmal – ohne sich Ihre früheren Ausführungen vorher anzusehen.

Die Antworten auf diese Fragen können in alle drei Formen der vorsorgenden Verfügung einfließen. Möchten Sie ausschließlich eine Patientenverfügung aufsetzen, brauchen Sie sich nicht mit den Fragen unter „Vollmachten, Verträge, Finanzen" (→ Seite 97 f.) zu beschäftigen.

Persönliche Erfahrungen und Werte

- Was ist der Anlass, weshalb Sie sich mit den Themen Patientenverfügung, Vorsorgevollmacht und/oder Betreuungsverfügung befassen?
- Welche Erfahrungen haben Sie selbst schon mit schwerwiegenden Krankheiten gemacht? Haben Sie Freunde oder Angehörige, die lebensbedrohlich erkrankt waren?
- Haben Sie schon einmal das Sterben und den Tod eines nahestehenden Menschen miterlebt? Welche guten und schlechten Erinnerungen haben Sie daran?
- Gibt es in Ihrem persönlichen Umfeld Menschen, die geistig verwirrt, geistig oder körperlich behindert sind? Wo wären für Sie die Grenzen der Belastbarkeit sowohl für den Betroffenen als auch für seine Angehörigen und Pflegepersonen?
- Gibt es in Ihrem Leben Grundsätze, die Ihnen besonders wichtig sind? Welche sind das?

- Sind Sie religiös? Welche Folgen hat das für Ihr alltägliches Leben (zum Beispiel besonderes Essen, Verzicht auf Bluttransfusionen, Ablehnung von Organspenden, Verzicht auf lebenserhaltende Maßnahmen, kirchlicher Beistand beim Sterben)?
- Was heißt für Sie „menschenwürdig leben“?
- Was heißt für Sie „menschenwürdig sterben“?

Medizinische Behandlung

- Möchten Sie auf jeden Fall von Ihrem Arzt und Ihren Angehörigen über die Diagnose einer lebensbedrohlichen Krankheit und die realistischerweise noch verbleibende Zeit aufgeklärt werden?
- In welchen Fällen entbinden Sie Ärzte von ihrer Schweigepflicht? Welche Personen sollen von den Ärzten über Ihren Gesundheitszustand informiert werden?
- In welchen Situationen wünschen Sie auf jeden Fall den Einsatz aller vorhandenen Möglichkeiten der klassischen Medizin?
- Welche Nebenwirkungen oder Spätfolgen einer Behandlung würden Sie akzeptieren, welche nicht?
- Wann würden Sie einer Behandlung zustimmen, die unter Umständen Ihren Tod zur Folge haben könnte?
- Wann würden Sie einer Behandlung mit einem Medikament zustimmen, das erst in der Testphase ist und noch nicht zugelassen wurde?

- Bei welchen Leiden können Sie sich den Einsatz der sog. Alternativmedizin vorstellen? Wann könnte die Alternativmedizin für Sie auch ein Ersatz für klassische Behandlungsmethoden sein?

- Zukünftig werden Sie regelmäßig von Ihrer Krankenkasse gefragt werden, wie Sie zum Thema Organspende stehen. Sollten Sie sich dafür entscheiden, können Sie neben dem Organspendeausweis dies auch in Ihrer Patientenverfügung aufnehmen. In welchen Fällen würden Sie einer Organtransplantation zustimmen? Würden Sie selber nach Ihrem Tod Organe spenden? (Falls ja, sollten Sie einen Organspendeausweis bei Ihren Ausweispapieren aufbewahren.)

- Würden Sie dem Einsatz hoch dosierter Schmerzmittel zustimmen, auch wenn das vielleicht zu Bewusstseinstrübungen oder zu einem früheren Tod führt, oder erst dann, wenn der Tod unmittelbar bevorsteht?

- Gibt es Situationen, in denen Sie sich vorstellen könnten, dass auf weitere Behandlungsmaßnahmen zur Verbesserung Ihres Gesundheitszustandes verzichtet wird? Welche sind das konkret? (Beraten Sie sich hierzu mit einem Arzt.)

- Welche Behandlung wünschen Sie, wenn Sie längere Zeit bewusstlos sind, unter starken Schmerzen leiden, sich im Endstadium einer unheilbar tödlichen Erkrankung befinden oder wenn Sie geistig so verwirrt sind, dass Sie nicht mehr wissen, wer Sie sind, wo Sie sich befinden und Familie und Freunde nicht mehr erkennen?

- Wann soll die Behandlung in den eben genannten Fällen unterbleiben?

Pflegebedürftigkeit/Heimeinzug

- Wer soll Sie pflegen, falls Sie pflegebedürftig werden (Angehörige, Freunde, Pflegedienst)?
- Wo möchten Sie leben, falls klar ist, dass Sie für lange Zeit Pflege brauchen?
- Wann wäre für Sie der Zeitpunkt gekommen, in ein Heim umzuziehen? Gibt es ein Heim, in das Sie bevorzugt einziehen möchten? Was wäre Ihnen bei der Auswahl eines Heimes besonders wichtig?
- Was soll mit Ihrer Wohnung/Ihrem Haus geschehen, wenn Sie dort nicht mehr leben können? Was ist mit Ihren Möbeln und sonstigem Eigentum?
- Unter welchen Umständen wäre es für Sie akzeptabel, zum Beispiel durch Beruhigungsmittel, Bettgitter oder Gurte, daran gehindert zu werden, sich selbst oder anderen Schaden zuzufügen?

Lebensverlängernde Maßnahmen

- Gibt es Situationen, in denen Sie sich vorstellen könnten, dass auf weitere lebenserhaltende Maßnahmen wie künstliche Beatmung oder Ernährung mit einer Magensonde verzichtet wird? Welche sind das konkret?
- Können Sie sich vorstellen, dass man Ihr Sterben bewusst beschleunigt, indem man Ihnen Nahrung und Flüssigkeit entzieht? Welche Vorstellungen sind das? Welche Nebenbedingungen müssten erfüllt sein (zum Beispiel Bekämpfung von Schmerz, Unterdrückung von Hunger- und Durstgefühl, Vermeidung von Angstzuständen)?

Vorstellungen vom Sterben

- Welche Dinge würden Sie vor Ihrem Tod gerne geregelt wissen?
- Wo möchten Sie Ihre letzten Tage/Stunden gerne verbringen?
- Wen möchten Sie in Ihren letzten Tagen/Stunden gerne bei sich haben?
- Wünschen Sie kirchlichen Beistand beim Sterben?
- Welche Wünsche haben Sie hinsichtlich Ihrer Bestattung?

Vollmachten, Verträge, Finanzen

- Gibt es Menschen, Tiere oder Firmen, für die Sie Verantwortung (übernommen) haben? Was möchten Sie für diese sicherstellen?
- Welches Vermögen, welche finanziellen Verpflichtungen, Grundstücke oder Immobilien sind vorhanden? Welche regelmäßigen Verpflichtungen können sich daraus ergeben (zum Beispiel Verkauf zur finanziellen Absicherung der Pflege)?
- Möchten Sie, dass Ihr Geld – wenn Sie zum Beispiel im Heim leben – im gleichen Maß für Ihren Lebensunterhalt eingesetzt wird, wie Sie es bisher handhaben? Oder soll es besonders sparsam beziehungsweise großzügig für Ihre Unterbringung und Versorgung ausgegeben werden?

- Sollen bestimmte Personen einmalig oder regelmäßig finanzielle Zuwendungen erhalten?
- Welchen Personen in Ihrem Umfeld (Partner, Kinder, Freunde, Arzt, Rechtsanwalt) vertrauen Sie so weitgehend, dass Sie diese mit der Erledigung Ihrer Bankgeschäfte (Bankvollmacht), der Entscheidung über Ihren Wohnort oder mit der Bestimmung über eine medizinische Behandlung beauftragen wollen?
- Wer soll in Ihrem Namen Verträge abschließen, falls Sie das selbst vorübergehend oder dauerhaft nicht können?
- Wer soll für Sie Leistungen, zum Beispiel der Pflegeversicherung oder der Sozialhilfe, beantragen?
- Welche Person(en) soll(en) eine oder mehrere dieser Entscheidungen auf gar keinen Fall für Sie treffen?
- Welche Person(en) soll(en) Ihre Post öffnen und lesen, falls Sie selbst nicht dazu in der Lage sind?

6 Bausteine für Ihre Verfügungen

Die Formulierungshilfen auf den folgenden Seiten erleichtern es Ihnen, Ihre eigene Verfügung so aufzuschreiben, dass alles für Sie Wichtige enthalten ist. Beachten Sie bei der Verwendung der Bausteine immer den Textzusammenhang, in dem diese mit den vorhergehenden Kapiteln stehen.

Die Textbausteine sind nur als Formulierungshilfen gedacht und sollten an die eigenen Belange angepasst werden

Der Übersichtlichkeit halber haben wir die Formulierungshilfen für die drei Verfügungen und die Vereinbarung im Innenverhältnis zwischen Vollmachtgeber und Bevollmächtigtem getrennt aufgeführt. Dabei gehen wir davon aus, dass Sie zunächst eine Patientenverfügung aufschreiben, daran eine Vorsorgevollmacht samt Vereinbarung im Innenverhältnis knüpfen und in diese eine Betreuungsverfügung integrieren beziehungsweise die Betreuungsverfügung gesondert aufstellen. Die Patientenverfügung sollten Sie als eigenständiges Dokument erstellen. Sie richtet sich in erster Linie an die behandelnden Ärzte und Pflegekräfte und wird diesen auch ausgehändigt. Daher sollten darin keine weiteren persönlichen Angelegenheiten geregelt sein.

Die nach außen wirksame Vorsorgevollmacht und die Betreuungsverfügung können Sie in einem Dokument zusammenfassen, sofern Sie die gleichen Personen als Bevollmächtigte und Betreuer wünschen. Die Vereinbarung mit dem Bevollmächtigten im Innenverhältnis sollten Sie dagegen separat von den anderen Verfügungen und der Vollmacht erstellen. Sofern Sie eine Bank- oder Postvollmacht auf gesonderten Formularen erteilt haben, sollten Sie in der Vorsorgevollmacht darauf verweisen und die entsprechenden Vollmachten (beziehungsweise deren Kopien) Ihrer Vorsorgevollmacht beifügen.

Selbstverständlich macht es ebenso Sinn, eine Patientenverfügung allein niederzuschreiben, wenn Sie keiner Ihnen bekannten Person die Verantwortung für weitere Entscheidungen übertragen möchten oder niemand diese Aufgabe übernehmen mag. Allerdings können die Ärzte dann „nur“ nach Ihrer Patientenverfügung handeln und müssen in Zweifelsfällen ohne die Vertretung durch eine von Ihnen bestimmte Vertrauensperson Ihren mutmaßlichen Willen ermitteln. Im Zweifelsfall werden Ärzte dann das Gericht um die Einrichtung einer gesetzlichen Betreuung bitten. Wir raten Ihnen daher – wenn möglich –, eine Vorsorgevollmacht mit der Befugnis zur Vertretung in medizinischen Angelegenheiten abzufassen.

Da nicht in allen Fällen eine Vollmacht die Einrichtung einer Betreuung überflüssig macht, ist es sinnvoll, immer auch eine Betreuungsverfügung aufzusetzen, also einen Wunschbetreuer zu benennen. So haben Sie für jeden Fall vorgesorgt und sichergestellt, dass immer eine Person Ihres Vertrauens über wesentliche Dinge nach Ihren Vorstellungen entscheiden kann.

Für alle vorgeschlagenen Textbausteine gilt: Sie sind nur als Formulierungshilfen gedacht und keinesfalls abschließend gemeint. Sie können alles, was Ihnen wichtig ist, zusätzlich festlegen oder auch Teile der Textbausteine weglassen. Insbesondere können Sie auch positive Aussagen negativ umformulieren, wenn Sie genau diese gerade nicht wollen (zum Beispiel eine bestimmte Person auf keinen Fall zum Betreuer). Falls Sie weitere Hilfe benötigen, können Sie die von uns ab Seite 161 ff. vorgeschlagenen Beratungs- und Informationsstellen nutzen.

Unser Download-Service für Sie

Die Textbausteine sind in Form von Word-Dateien als kostenpflichtiger Download erhältlich. So können Sie Ihre ganz persönliche Patientenverfügung, Vorsorgevollmacht und Betreuungsverfügung mit wenig Aufwand selbst zusammenstellen. Sie finden dort zudem weitere Formulare und Checklisten:

www.vz-ratgeber.de/patientenverfuegung-textbausteine

Textbausteine für die Patientenverfügung

Vorbemerkung

Beschreiben Sie hier, welche Werte für Sie in Ihrem Leben wichtig sind. Fassen Sie dazu Ihre Antworten zu den Fragen „Persönliche Werte und Vorstellungen" des vorhergehenden Kapitels zusammen.

1. Einleitungssatz/Situationen, für die die Verfügung gelten soll

Für den Fall, dass ich … (Vor- und Zuname), *geboren am … in …, wohnhaft in …* (Anschrift) *mich nicht selbst äußern kann, erkläre ich nachfolgend meine Wünsche zur Behandlung. Dies gilt für die nachfolgenden Situationen:*

Hinweis: Benennen Sie nur die Situationen, für die Sie Festlegungen treffen wollen. Wenn Sie für die einzelnen Situationen unterschiedliche Maßnahmen bestimmen wollen, teilen Sie Ihre Verfügung entsprechend auf.

Wenn ich mich am Ende des Lebens und unabwendbar im Sterbeprozess befinde

und/oder

wenn ich mich im Endstadium einer tödlich verlaufenden und unheilbaren Krankheit befinde, auch wenn der Sterbeprozess noch nicht unmittelbar begonnen hat,

Hinweis: Für die beiden vorgenannten Situationen sollten Sie auf jeden Fall Regelungen hinsichtlich Ihrer medizinischen Behandlung in Ihre Patientenverfügung aufnehmen.

und/oder

wenn ich aufgrund einer Hirnschädigung voraussichtlich dauerhaft nicht mehr in der Lage sein werde, mit meiner Umwelt in Kontakt zu treten oder mit meinen Mitmenschen zu kommunizieren (Wachkoma), auch wenn es eine geringe Chance gibt, dass ich aus diesem Zustand aufwache,

und/oder

wenn ich infolge eines fortgeschrittenen Abbauprozesses im Gehirn (zum Beispiel Alzheimer-Krankheit) nicht mehr in der Lage bin, auf natürlichem Weg Nahrung und Flüssigkeit zu mir zu nehmen, obwohl ich von Pflegekräften umfangreich dabei unterstützt werde,

Hinweis: Nennen Sie die beiden vorgenannten Situationen nur, wenn Sie auch für den Fall des Wachkomas oder einer schweren Demenz Vorsorge treffen wollen.

und/oder

wenn ich ...

Hinweis: Nennen Sie weitere Situationen, in denen Sie Ihren Willen zur medizinischen Behandlung nicht mehr persönlich äußern können, für die Sie Behandlungsmaßnahmen festlegen wollen; nennen Sie besonders spezielle Krankheitssituationen, wenn absehbar ist, dass diese eintreten könnten.

2. Lebensverlängernde und -gefährdende Maßnahmen

In den oben beschriebenen Situationen möchte ich, dass jegliche lebensverlängernde Maßnahmen unterbleiben beziehungsweise abgebrochen werden. Ich bitte jedoch um ausreichende Behandlung und Pflege, um mir Angst, Schmerzen, Atemnot, Hunger- und Durstgefühle und Übelkeit zu nehmen. Ich möchte nicht, dass mein Leiden durch das Ausschöpfen aller intensivmedizinischen Möglichkeiten, auch die Gabe von Antibiotika bei Begleitinfektionen, verlängert wird.

oder

In den oben beschriebenen Situationen möchte ich, dass alles, was mit der modernen Medizin möglich ist, getan wird, um mein Leben zu erhalten beziehungsweise zu verlängern. Ich möchte dies auch, wenn es belastend für mich ist und auch dann, wenn eine dauerhafte Schädigung des Gehirns und deshalb der Verlust der Kommunikationsfähigkeit oder völlige Hilflosigkeit die Folge davon sein können. Meine Beschwerden wie Angst, Schmerzen, Atemnot, Hunger- und Durstgefühle und Übelkeit sollen so weit wie möglich gelindert werden.

3. Wiederbelebung

Falls mein Herz zum Stillstand gekommen ist, möchte ich in den zuvor genannten Situationen nicht mehr wiederbelebt werden.

oder

In den vorher beschriebenen Situationen wünsche ich Versuche einer Wiederbelebung.

4. Künstliche Ernährung und Flüssigkeitszufuhr

In den oben beschriebenen Situationen möchte ich, dass jegliche Zufuhr von Nahrung und Flüssigkeit über Sonden oder Infusionen unterbleibt. Ich weiß, dass ich dann nach einiger Zeit verhungern oder verdursten werde. Dies nehme ich in Kauf, wenn dadurch mein Leiden und das Sterben nicht unnötig verlängert werden. Ich wünsche aber eine begleitende Pflege, um mir Hunger- und Durstgefühle zu nehmen.

oder

In den vorgenannten Situationen wünsche ich die Gabe von Nahrung und Flüssigkeit auch über eine Sonde oder durch Infusionen. Dies soll so bald als nötig begonnen und bis zu meinem Tod weitergeführt werden.

5. Schmerzbehandlung

Ich möchte mit wirksamen Schmerzmitteln behandelt werden, um meine körperlichen Leiden so weit wie möglich zu bekämpfen. Dafür nehme ich Bewusstseinstrübungen und auch einen früheren Tod in Kauf.

oder

Ich wünsche eine Behandlung mit Schmerzmitteln. Aber hierdurch soll keine Minderung des Bewusstseins oder gar ein früherer Tod eintreten.

6. Künstliche Beatmung

In den zuvor genannten Situationen wünsche ich, dass keine künstliche Beatmung durchgeführt wird beziehungsweise diese eingestellt wird. Ich wünsche mir jedoch eine Behandlung, um mir die Luftnot und Angst zu nehmen, auch mit bewusstseinstrübenden Medikamenten. Ich nehme dafür auch einen früheren Tod in Kauf.

oder

Ich wünsche eine künstliche Beatmung, wenn dies mein Leben erhalten beziehungsweise verlängern kann.

7. Weitere medizinische Maßnahmen

Ich wünsche in den oben beschriebenen Situationen auch die Durchführung einer Organtransplantation, wenn dies hilft, mein Leben zu verlängern oder andere aufwendige Behandlungen, zum Beispiel eine Dialyse, zu verhindern beziehungsweise zu beenden.

Ich stimme in den oben beschriebenen Situationen auch operativen Maßnahmen zu, wenn dadurch mein Leben verlängert werden kann. Ich möchte dies auch, wenn gesundheitliche Schäden oder der Verlust eines Körperteils, zum Beispiel der Brust oder eines Beins, die Folge sein können.

Ich möchte mit den modernsten Mitteln der Medizin behandelt werden. Dazu gehört für mich auch der Einsatz von nicht zugelassenen Medikamenten, die sich noch in der Erprobungsphase befinden, sodass deren Nebenwirkungen und Wirkungsweisen noch nicht vollständig bekannt sind.

Neben den schulmedizinischen Behandlungsmethoden wünsche ich auch eine Behandlung mit alternativen Heilmethoden wie zum Beispiel Mistelinjektionen oder Akupunktur, sofern dies angebracht ist. Die alternativen Heilmethoden sollen die schulmedizinische Behandlung aber nicht ersetzen oder verzögern.

Hinweis: Es kann auch die jeweils negative Formulierung verwendet werden.

8. Kommunikation und Information

Ich möchte, dass mein Hausarzt ... (Name, Anschrift, Telefon) *hinzugezogen wird, wenn wesentliche Entscheidungen über meine weitere medizinische Behandlung anstehen. Wenn er im Notfall nicht erreichbar ist, dürfen die behandelnden Ärzte die aus ihrer Sicht erforderliche Behandlung unter Berücksichtigung meiner hier dargelegten Wünsche auch ohne seine ärztliche Einschätzung einleiten beziehungsweise fortsetzen.*

Wenn ich in der Lage bin, etwas zu verstehen, möchte ich, dass mich die behandelnden Ärzte verständlich und vollständig über meinen gesundheitlichen Zustand aufklären.

Ich entbinde die behandelnden Ärzte von ihrer Schweigepflicht gegenüber ... (Bevollmächtigte, Familienangehörige, Lebenspartner/in, Kinder etc.).

9. Vorstellung vom Sterben

Meine letzten Tage/Stunden möchte ich, wenn irgend möglich, ... (zu Hause bei meiner Familie, in einem Hospiz etc.) *verbringen. Ich möchte das auch, wenn dadurch möglicherweise mein Tod früher eintritt, weil dafür eine Behandlung abgebrochen werden muss.*

Falls möglich, möchte ich mich persönlich von meinen Angehörigen und Freunden verabschieden. Deshalb bitte ich um Benachrichtigung von ... (Vor- und Zuname, Telefon), *wenn absehbar ist, dass es mit meinem Leben zu Ende geht.*

Da ich ein religiöser Mensch bin, möchte ich, dass ein Geistlicher der ... Religion mein Sterben begleitet.

Nach meinem Tod bin ich mit einer Obduktion einverstanden, wenn dadurch die Ursache meines Todes geklärt werden kann.

Wenn mein Hirntod festgestellt wurde, möchte ich meine Organe für eine Transplantation zur Verfügung stellen. Sind für die Transplantation medizinische Maßnahmen notwendig, die ich in dieser Patientenverfügung ausgeschlossen habe, gehen meine Bereitschaft zur Organspende und die damit verbundenen Behandlungsmaßnahmen vor.

Denken Sie daran, sich einen Organspendeausweis zu besorgen und diesen immer bei sich zu haben. Kostenlos erhalten Sie diesen Ausweis über die Bundeszentrale für gesundheitliche Aufklärung (Adresse ⇢ Seite 163).

Wichtig: In einigen Ländern Europas muss eine ausdrückliche Verweigerung vorliegen, wenn keine Organe entnommen werden sollen.

Ich möchte auf dem Friedhof ... begraben werden.

10. Hinweis auf weitere Unterlagen

Ergänzend zu dieser Patientenverfügung habe ich eine Vorsorgevollmacht und/oder eine Betreuungsverfügung erstellt.

Mein/e Bevollmächtigter/n ist/sind ... (Vor- und Zuname, Adresse, Telefon).

Mein/e Betreuer soll/en sein: ... (Vor- und Zuname, Adresse, Telefon).

11. Schlussbemerkungen

Ich habe diese Patientenverfügung aus freiem Willen und ohne Druck von anderen erstellt.

Ich bin mir über die Inhalte dieser Patientenverfügung und deren Folgen bewusst.

12. Aufklärung/Beratung/Bestätigung der Einwilligungsfähigkeit

Ich habe mich vor dem Schreiben dieser Patientenverfügung informiert bei ... und beraten lassen durch ...

Ich habe mich vor der Erstellung dieser Patientenverfügung ärztlich beraten lassen. Bezüglich der hier genannten Festlegungen verzichte ich auf eine weitere ärztliche Beratung oder Aufklärung.

Ort, Datum, Unterschrift des Verfassers

Ich, ... (Name des Arztes), *bestätige, dass ich mit Frau/Herrn ...* (Vor- und Zuname) *am ... ein ausführliches Beratungsgespräch geführt habe. Dabei haben wir die medizinischen Konsequenzen der Inhalte ihrer/seiner Patientenverfügung besprochen.*

Ort, Datum, Unterschrift des Arztes

Ich, ... (Vor- und Zuname, Arzt, Notar etc.), bestätige, dass Frau/Herr ... sich über die Inhalte dieser Patientenverfügung und deren Konsequenzen bewusst und in vollem Umfang einwilligungsfähig ist.

Ort, Datum, Unterschrift

13. Aktualität

Diese Verfügung soll auch weiterhin gelten.

Datum, Unterschrift des Verfassers

Diese Verfügung soll auch weiterhin gelten, allerdings mit folgenden Ausnahmen: ...

Datum, Unterschrift des Verfassers

Hinweis: Erneuern Sie die Patientenverfügung in regelmäßigen Abständen beziehungsweise wenn gesundheitliche Veränderungen eingetreten sind oder größere medizinische Eingriffe bevorstehen.

Textbausteine für die Vorsorgevollmacht

1. Einleitungssatz

Ich, ... (Vor- und Zuname), *geboren am ... in ..., wohnhaft in* ... (Anschrift) *bevollmächtige Herrn/Frau* ... (Vor- und Zuname), *geboren am ... in ..., wohnhaft in* ... (Anschrift, Telefon), *mich in dem hier genannten Umfang zu vertreten:*

2. Verträge, Finanzen

Der Bevollmächtigte ist berechtigt, mich in allen persönlichen Angelegenheiten sowie in Vermögens-, Steuer-, Renten-, Sozial-, Erb- und sonstigen Rechtsangelegenheiten, soweit dies gesetzlich zulässig ist, außergerichtlich und gerichtlich zu vertreten.

Die Vertretung in vermögensrechtlichen Angelegenheiten umfasst u. a. die Vertretung gegenüber Ämtern, Behörden, Versicherungen und meiner Krankenkasse sowie die Erledigung der Bankgeschäfte.

Hinweis: evtl. gesonderte Bankvollmacht notwendig

Mitarbeiter von Ämtern, Behörden, Banken, Versicherungen und meiner Krankenkasse sind meinem Bevollmächtigten gegenüber von ihrer Schweigepflicht befreit.

Der Bevollmächtigte ist ermächtigt, Verträge aller Art in meinem Namen abzuschließen oder aufzulösen.

Der Bevollmächtigte ist auch berechtigt, Geschäfte mit sich selbst zu tätigen (§ 181 BGB).

Der Bevollmächtigte ist berechtigt, meine Grundstücke und Immobilien zu verwalten und zu verkaufen.

Hinweis: notarielle Beurkundung erforderlich!

Der Bevollmächtigte ist berechtigt, meine Post, auch Einschreiben, Zahlungsanweisungen mit einem Betrag von mehr als 250 Euro und Sendungen mit dem Zusatz „eigenhändig", entgegenzunehmen und zu öffnen.

Hinweis: gesonderte Postvollmacht ausstellen

Der Bevollmächtigte ist berechtigt, für mich als Kläger oder Beklagter Prozesse zu führen.

Der Bevollmächtigte ist berechtigt, meinen Haushalt aufzulösen und über das Inventar zu verfügen.

Die vorliegende Aufzählung ist beispielhaft und nicht abschließend zu verstehen.

3. Gesundheit und freiheitsentziehende Maßnahmen

Diese Vollmacht gilt auch für alle Angelegenheiten der medizinischen Versorgung und Behandlung. Gegenüber meinen behandelnden Ärzten soll mein Bevollmächtigter mich in allen notwendigen Entscheidungen vertreten, soweit dies gesetzlich möglich ist. Ich entbinde meine behandelnden Ärzte zu diesem Zweck von ihrer Schweigepflicht gegenüber meinem Bevollmächtigten.

Diese Vollmacht umfasst auch

- *die Einwilligung in alle erforderlichen ärztlichen Untersuchungen, Heilbehandlungen und Eingriffe bei mir, auch wenn die begründete Gefahr besteht, dass ich aufgrund der Maßnahme sterbe oder einen schweren oder länger andauernden gesundheitlichen Schaden erleide (§ 1904 BGB),*

- *die Einwilligung zum Unterlassen oder Beenden lebenserhaltender oder lebensverlängernder Maßnahmen.*

Hinweis: Diese Formulierungen müssen Sie – unabhängig von der Formulierung in der Patientenverfügung – in die Vollmacht aufnehmen, wenn Sie erreichen wollen, dass der Bevollmächtigte ohne Bestellung eines Betreuers entscheiden darf!

Der Bevollmächtigte ist berechtigt, meine behandelnden Ärzte gegenüber anderen Dritten von der Schweigepflicht zu entbinden.

Diese Vollmacht umfasst auch

- *die Einwilligung in eine für mich aus ärztlicher Sicht zwingend erforderliche und mit Freiheitsentziehung verbundene Unterbringung in einem Heim oder einer anderen Einrichtung (§ 1906 Absatz 1 BGB),*

- *die Einwilligung in unterbringungsähnliche Maßnahmen für mich, wie zum Beispiel das Anbringen von Bauchgurten, Bettgittern und anderen mechanischen Vorrichtungen, sowie eine Freiheitsbeschränkung durch Medikamente (§ 1906 Absatz 4 BGB),*

- *die Einwilligung in eine ärztliche Zwangsmaßnahme, wenn ein erheblicher gesundheitlicher Schaden droht und keine andere zumutbare Maßnahme angewendet werden kann (§ 1906 Absatz 3 BGB).*

Die Vertretung in persönlichen Angelegenheiten umfasst auch die Aufenthaltsbestimmung, inklusive des Umzugs in ein Heim und Auflösung des alten Haushalts und Verwertung des Inventars.

4. Weitere Bereiche

Für den Fall, dass ich meine elterliche Sorge nicht wahrnehmen kann, bestimme ich für mein/e Kind/er, ... (Name, Geburtsdatum, ggf. Adresse), *die folgende/n Person/en als Vormund:* ... (Name, Adresse, Telefon).

Dies entspricht vor allem dem Wohl meines/r Kindes/er, weil ... (Gründe).
Ich möchte nicht, dass ... (Name, Adresse) *die Vormundschaft oder Pflegschaft übernimmt. Das hat folgende Gründe:* ...

Hinweis: Die Sorgerechtsverfügung für minderjährige Kinder sollte auch im Testament enthalten sein. Eine Sorgerechtsverfügung im Rahmen der Vorsorgevollmacht sollte entweder handschriftlich erfolgen oder notariell beurkundet werden (→ Seite 63 ff.).

Mein Bevollmächtigter ist berechtigt, in meinem Namen Erbschaften auszuschlagen.

Hinweis: Beglaubigung der Unterschrift durch Betreuungsbehörde oder Notar notwendig!

Mein Bevollmächtigter soll die Ausgestaltung meiner Beerdigungszeremonie und die Einzelheiten meiner Bestattung übernehmen.

5. Betreuung, Kontrollbetreuung

Diese Vollmacht soll eine Betreuung gemäß Betreuungsgesetz überflüssig machen. Sollte dennoch von einem Gericht die Einrichtung einer Betreuung für notwendig erachtet werden, so soll der hier bestimmte Bevollmächtigte zum Betreuer bestellt werden.

Hinweis: Hiermit integrieren Sie eine Betreuungsverfügung.

Falls das Betreuungsgericht einen sogenannten Kontrollbetreuer für notwendig hält, soll dies Herr/Frau ... (Vor- und Zuname) *geboren am ... in ..., ...* (Anschrift, Telefon), *übernehmen.*

6. Stellvertretung

Der Bevollmächtigte hat das Recht, Untervollmachten an Dritte zu erteilen.

7. Wirksamkeit

Hinweis: Damit die Vollmacht erst im gewünschten Fall und nicht schon vorab vom Bevollmächtigten benutzt werden kann, sollte eine ergänzende Vereinbarung mit dem Bevollmächtigten erstellt werden!

⇢ Bausteine für Formulierungen zur Vereinbarung zwischen Vollmachtgeber und Bevollmächtigtem, Seite 116 ff.

Die Vollmacht gilt nur, wenn der Bevollmächtigte das Original der Vollmacht vorlegen kann.

Diese Vollmacht bleibt auch nach meinem Tod so lange in Kraft, bis meine Erben sich als anspruchsberechtigt ausweisen können.

Die eventuelle Unwirksamkeit einzelner Verfügungen in dieser Vollmacht soll die Wirksamkeit der anderen Verfügungen nicht berühren.

Ort, Datum, Unterschrift des Verfügenden

8. Bestätigung

Ich, ... (Name des Bevollmächtigten) *kenne den Inhalt dieser Vollmacht und bin bereit, die Bevollmächtigung anzunehmen.*

Ort, Datum, Unterschrift des Bevollmächtigten

Hinweis: für die Rechtsverbindlichkeit der Vorsorgevollmacht nicht erforderlich, aber zur Klarstellung sinnvoll

Ich, ... (Vor- und Zuname, Anschrift und Telefon des Zeugen, zum Beispiel Arzt Ihres Vertrauens, Notar), *bestätige, dass ...* (Name des Verfassers) *diese Vollmacht heute in meiner Gegenwart eigenhändig unterschrieben hat und ich keinen Zweifel daran habe, dass er selbstbestimmt mit eigenem Willen die bezeichneten Entscheidungen getroffen hat.*

Ort, Datum, Unterschrift

Hinweis: Die Wirksamkeit hängt nicht von einer solchen Bestätigung eines Zeugen ab. Diese wird aber spätestens dann wichtig, wenn bezweifelt wird, dass Sie beim Verfassen Ihrer Vollmacht geschäftsfähig waren.

Von Zeit zu Zeit sollte die Vorsorgevollmacht überprüft werden, ob sie noch Ihren Wünschen entspricht, und gegebenenfalls geändert werden. Achten Sie darauf, dass ein Zeuge Ihre aktuelle Entscheidungsfähigkeit erneut bestätigt.

Textbausteine für Vereinbarung zwischen Vollmachtgeber und Bevollmächtigtem

Vereinbarung zwischen ... (Vor- und Zuname), *geboren am* ... *in* ..., ... (Anschrift des Vollmachtgebers), *und* ... *(Vor- und Zuname), geboren am* ... *in* ..., (Anschrift des Bevollmächtigten), *nachfolgend Bevollmächtigter genannt.*

1. Wirksamkeit

Die folgende Vereinbarung ist eine Anweisung von mir an den Bevollmächtigten im Innenverhältnis. Im Außenverhältnis gegenüber dritten Personen und Behörden gilt meine Vollmacht unbeschränkt.

Der Bevollmächtigte verpflichtet sich mir gegenüber, von dieser Vollmacht in meinem Interesse und zu meinem Wohlergehen sowie erst dann Gebrauch zu machen, wenn ich zeitweise oder dauerhaft meine Angelegenheiten nicht mehr regeln kann.

Hinweis: notwendig, denn dann ist der Bevollmächtigte haftbar, wenn er die Vollmacht missbräuchlich vor dem gewünschten Zeitpunkt einsetzt.

Den Eintritt meiner Entscheidungsunfähigkeit und/oder Geschäftsunfähigkeit soll mein (Haus)arzt ... (Vor- und Zuname, Anschrift und Telefon der gewünschten Person und gegebenenfalls eines Vertreters) *feststellen und schriftlich bestätigen. Ist der von mir genannte Arzt nicht erreichbar, kann an seiner Stelle ein anderer Arzt mit der erforderlichen Fachqualifikation dieses tun.*

2. Mehrere Bevollmächtigte

Mein Bevollmächtigter A soll allein alle Aufgaben als Bevollmächtigter wahrnehmen. Nur wenn er nicht in der Lage ist, meine Rechte wahrzunehmen oder ausdrücklich Unterstützung wünscht, bestimme ich als Ersatzbevollmächtigten ... (Vor- und Zuname), *geboren am ... in ...,* ... (Anschrift, Telefon).

Mein Bevollmächtigter A soll sich ausschließlich um meine Vermögens- und Rechtsangelegenheiten kümmern. Mein Bevollmächtigter B soll mich in allen anderen, insbesondere den persönlichen, Angelegenheiten vertreten. Bei Überschneidungen der Aufgaben soll Bevollmächtigter B die Entscheidung treffen.

Meine Bevollmächtigten sind nicht berechtigt, ihre Vollmachten gegenseitig zu widerrufen.

Sofern Unstimmigkeiten zwischen meinen Bevollmächtigten zur Ausübung ihrer Aufgaben bestehen, müssen sie notariellen Rat einholen. Meine Bevollmächtigten sollen dem Rat des Notars folgen.

Hinweis: sinnvoll bei einer Bevollmächtigung von mehreren Personen

3. Sonstige Wünsche und Anweisungen an den Bevollmächtigten

Bei der Vertretung in medizinischen Angelegenheiten soll der Bevollmächtigte meine Vorstellungen berücksichtigen, die ich in meiner Patientenverfügung festgelegt habe.

Das Anbringen von Bauchgurten, Bettgittern und anderen Vorrichtungen sowie Freiheitsbeschränkung durch Medikamente ist für mich nur akzeptabel, wenn alle anderen Maßnahmen nach dem aktuellen wissenschaftlichen Stand der pflegerischen Erkenntnisse ausgeschöpft sind.

Ich möchte, dass mein Vermögen für die bestmögliche Pflege meiner Person verwendet wird. Zur finanziellen Sicherstellung meiner Pflege darf der Bevollmächtigte auch meine Geldanlagen verbrauchen oder Vermögenswerte verkaufen.

Falls ich über längere Zeit Pflege brauche, möchte ich, dass Herr/Frau ... (Vor- und Zuname), *geboren am ... in ..., wohnhaft in ...* (Anschrift, Telefon), *mich pflegt. Er/Sie erhält dafür eine Entschädigung in Höhe von ... Euro monatlich und darf in meinem Haus/meiner Wohnung wohnen, solange ich lebe.*

Falls professionelle Pflege zu Hause notwendig ist, möchte ich, dass möglichst der Pflegedienst ... damit beauftragt wird.

Sollte ich so stark pflegebedürftig oder geistig verwirrt sein, dass eine ambulante Versorgung meinen Angehörigen/Freunden nicht zuzumuten ist, möchte ich in ein Pflegeheim, und zwar möglichst in die Einrichtung ..., einziehen.

Wenn ich in ein Pflegeheim umziehen muss, möchte ich meine Wohnung zunächst behalten. Wenn nach einem halben Jahr Aufenthalt in einem Pflegeheim absehbar ist, dass ich nicht mehr selbstständig in meine alte Wohnung zurückziehen kann, darf mein Bevollmächtigter den Mietvertrag kündigen und das Inventar verwerten.

Der Bevollmächtigte soll aus meinem Vermögen monatlich ... Euro an Herrn/Frau ... (Vor- und Zuname), *geboren am ... in ..., ...* (Anschrift, Telefon), *auszahlen.*

Der Bevollmächtigte soll für seine Tätigkeit eine pauschale Aufwandsentschädigung in Höhe von ... Euro pro Monat/Jahr aus meinem Vermögen erhalten.

Meine Enkelkinder, das heißt, die Kinder meines Bevollmächtigten, sollen zum Geburtstag, zu Weihnachten und Ostern Sach- oder Geldgeschenke in Höhe von maximal ... Euro aus meinem Vermögen erhalten. Für die folgenden Ereignisse ... (zum Beispiel Kommunion/Konfirmation, bestandenes Abitur, Erwerb Führerschein, Studium) sollen meine Enkelkinder jeweils ... Euro erhalten.

...

Hinweis: Hier können Sie alle Wünsche und Anweisungen auflisten, die von Ihrem Bevollmächtigten berücksichtigt werden sollen.

Der Bevollmächtigte haftet gegenüber mir, meinen Erben sowie gegenüber Behörden nur für vorsätzliche und grob fahrlässige Handlungen sowie für eine grobe Missachtung meiner in dieser Vereinbarung festgelegten Wünsche. Dem Bevollmächtigten muss dies nachgewiesen werden.

Ich entbinde den Bevollmächtigten von der Beweislast der weisungsgemäßen Erfüllung dieser Vereinbarung.

Hinweis: → Haftung/Haftungsausschluss, Seite 68 f.

Ort, Datum, Unterschrift des Verfügenden

4. Bestätigung

Ich, ... (Name des Bevollmächtigten), *kenne den Inhalt dieser Verfügung und bin bereit, den hier getroffenen Regelungen nachzukommen.*

Ort, Datum, Unterschrift

Ich, ... (Vor- und Zuname, Anschrift und Telefon des Zeugen, Person Ihres Vertrauens), *bestätige, dass* ... (Name des Verfassers) *diese Verfügung heute in meiner Gegenwart eigenhändig unterschrieben hat und ich keinen Zweifel daran habe, dass er selbstbestimmt mit eigenem Willen die bezeichneten Entscheidungen getroffen hat.*

Ort, Datum, Unterschrift

Hinweis: Die Wirksamkeit hängt nicht von einer solchen Bestätigung eines Zeugen ab. Diese wird aber spätestens dann wichtig, wenn bezweifelt wird, dass Sie beim Verfassen der Vereinbarung geschäftsfähig waren.

Von Zeit zu Zeit sollte die Vereinbarung überprüft werden, ob sie noch Ihren Wünschen entspricht, und gegebenenfalls geändert werden. Achten Sie darauf, dass ein Zeuge Ihre aktuelle Entscheidungsfähigkeit erneut bestätigt.

Textbausteine für die Betreuungsverfügung

Für den Fall, dass eine gerichtliche Betreuung notwendig werden sollte, wünsche ich, (Vor- und Zuname), *geboren am ... in ..., wohnhaft in ...* (Anschrift), *dass Herr/Frau ...* (Vor- und Zuname), *geboren am ... in ..., wohnhaft in ...* (Anschrift, Telefon), *zu meiner Betreuung bestellt wird.*

Sollte der von mir gewünschte Betreuer verhindert sein, dann möchte ich, dass eine der folgenden Personen in absteigender Reihenfolge ... (Vor- und Zuname), *geboren am ... in ..., wohnhaft in ...* (Anschrift, Telefon), *als Betreuer bestellt wird.*

Herr/Frau ... (Vor- und Zuname, Adresse), *soll auf keinen Fall zu meinem Betreuer/meiner Betreuerin bestellt werden.*

Ich habe eine Patientenverfügung und/oder Vorsorgevollmacht samt Vereinbarung mit dem Bevollmächtigten im Innenverhältnis erstellt. Die Festlegungen in diesen Dokumenten sollen auch im Fall einer gesetzlichen Betreuung bindend sein.

Hinweis: Dies können Sie durch weitere Wünsche und Handlungsanweisungen ergänzen; ⇢ Wünsche und Anweisungen an den Bevollmächtigten, Seite 117 f.

Ort, Datum, Unterschrift des Verfügenden

Ich, ... (Name des Betreuers), *kenne den Inhalt dieser Verfügung und bin bereit, die Betreuung zu übernehmen.*

Ort, Datum, Unterschrift

Hinweis: für die Rechtsverbindlichkeit der Betreuungsverfügung nicht erforderlich, aber zur Klarstellung sinnvoll

Ich, ... (Vor- und Zuname, Anschrift und Telefon des Zeugen, sinnvoll wäre zum Beispiel ein Arzt Ihres Vertrauens, ein Notar), bestätige, dass ... (Name des Verfassers) diese Verfügung heute in meiner Gegenwart eigenhändig unterschrieben hat und ich keinen Zweifel daran habe, dass er selbstbestimmt mit eigenem Willen die bezeichneten Entscheidungen getroffen hat.

Ort, Datum, Unterschrift

Hinweis: Die Wirksamkeit hängt nicht von einer solchen Bestätigung eines Zeugen ab. Diese wird aber spätestens dann wichtig, wenn bezweifelt wird, dass Sie beim Verfassen Ihrer Verfügung entscheidungsfähig waren.

Übersicht behalten

Weitere Originale/Kopien dieser Verfügung(en) habe ich in/bei ... (Name, Anschrift) *hinterlegt.*

Hinweis: In Ihren Verfügungen sollten Sie einen Hinweis aufnehmen, wer im Besitz von Originalen und Kopien von Vollmachten und Verfügungen ist.

7 Musterbeispiele

Die folgenden Mustertexte für Patientenverfügung, Vorsorgevollmacht und Betreuungsverfügung können wichtige Anhaltspunkte bieten. Sie ersetzen aber nicht die Formulierung der eigenen Vorstellungen.

Muster Patientenverfügung

Muster

Ich habe vor einigen Jahren bei meiner Großmutter und einer Tante miterlebt, wie sie in hohem Alter beziehungsweise am Ende einer Krebserkrankung mit allen Möglichkeiten der Intensivmedizin am Leben erhalten wurden. Letztlich hat meine Großmutter über ein Jahr in einem Pflegeheim gelegen, war nicht mehr ansprechbar, konnte von ihrer Umwelt nichts aufnehmen und wurde mittels Magensonde ernährt. Ähnliches habe ich bei meiner Tante gesehen, die am Ende ihrer Krebserkrankung, als sie kaum noch ansprechbar war, noch mit einer Chemotherapie behandelt wurde. So möchte ich nicht enden. Andererseits habe ich bei meiner Mutter erlebt, wie auch eine tödlich verlaufende Krebserkrankung im Endstadium dank entsprechender Pflege und Behandlung mit Medikamenten gegen körperliche Beschwerden und Schmerzen zu einem menschenwürdigen Ende kommen kann. Nachdem feststand, dass keine Heilung mehr möglich sein würde, wurden alle Behandlungsmaßnahmen eingestellt und nur noch dafür gesorgt, dass sie die letzten Tage friedlich und ohne Schmerzen in einem Hospiz verbringen konnte. Dies ist auch meine Vorstellung vom Sterben.

Vor dem Sterben selber habe ich wenig Angst. Dafür umso mehr vor den damit eventuell einhergehenden Schmerzen. Deshalb nehme ich lieber einen früheren Tod in Kauf, wenn dadurch mein Leiden verkürzt wird.

Ich bin nicht religiös und lege deshalb keinen Wert auf kirchlichen Beistand. Allerdings sind mir dafür meine Familie und Freunde umso wichtiger. Ich möchte sie deshalb so weit wie möglich in mein Leben und auch mein Sterben einbeziehen. Allerdings möchte ich niemandem zur Last fallen, denn bisher habe ich meine Dinge immer selber geregelt. Insofern möchte ich zum Sterben nicht unbedingt nach Hause, sondern mir wäre es lieber, in einer stationären Einrichtung, in der man auf die Pflege kranker und sterbender Menschen eingerichtet ist, versorgt zu werden.

Nachdem ich mich intensiv mit dem Thema Patientenverfügung befasst und dies auch mit meiner Familie und Freunden diskutiert habe, bin ich zu folgendem Entschluss gekommen:

Für den Fall, dass ich, Martin Müller, geboren am 23. 08. 1970 in Dörfchen, wohnhaft Landstraße 25 in 12345 Städtchen, durch Krankheit, Unfall oder Behinderung unwiederbringlich oder vorübergehend zur Bildung und Äußerung meines Willens mich nicht selbst äußern kann, erkläre ich nachfolgend meine Wünsche zur Behandlung. Dies gilt für die folgenden Situationen:

- Wenn ich mich am Ende des Lebens und unabwendbar im Sterbeprozess befinde oder
- wenn ich mich im Endstadium einer tödlich verlaufenden und unheilbaren Krankheit befinde, auch wenn der Sterbeprozess noch nicht unmittelbar begonnen hat.

In den oben beschriebenen Situationen möchte ich, dass jegliche lebensverlängernde Maßnahmen unterbleiben beziehungsweise abgebrochen werden. Ich bitte jedoch um ausreichende Behandlung und Pflege, um mir Angst, Schmerzen, Atemnot, Hunger- und Durstgefühle und Übelkeit zu nehmen.

Ich möchte nicht, dass mein Leiden durch das Ausschöpfen aller intensivmedizinischen Möglichkeiten, auch die Gabe von Antibiotika bei Begleitinfektionen, verlängert wird.

Falls mein Herz zum Stillstand gekommen ist, möchte ich in den zuvor genannten Situationen nicht mehr wiederbelebt werden.

In den oben beschriebenen Situationen möchte ich, dass jegliche Zufuhr von Nahrung und Flüssigkeit über Sonden oder Infusionen unterbleibt. Ich weiß, dass ich dann nach einiger Zeit verhungern oder verdursten werde. Dies nehme ich in Kauf, wenn dadurch mein Leiden und das Sterben nicht unnötig verlängert werden. Ich wünsche aber eine begleitende Pflege, um mir Hunger- und Durstgefühle zu nehmen.

Ich möchte mit wirksamen Schmerzmitteln behandelt werden, um meine körperlichen Leiden so weit wie möglich zu bekämpfen. Dafür nehme ich Bewusstseinstrübungen und auch einen früheren Tod in Kauf.

In den zuvor genannten Situationen wünsche ich, dass keine künstliche Beatmung durchgeführt beziehungsweise diese eingestellt wird. Ich wünsche mir jedoch eine Behandlung, um mir die Luftnot und Angst zu nehmen, auch mit bewusstseinstrübenden Medikamenten. Ich nehme dafür auch einen früheren Tod in Kauf.

Ich lehne in den oben beschriebenen Situationen die Durchführung einer Organtransplantation ab, auch wenn dies helfen könnte, mein Leben zu verlängern oder andere aufwendige Behandlungen (zum Beispiel eine Dialyse) zu verhindern beziehungsweise zu beenden.

Ich lehne in den oben beschriebenen Situationen operative Maßnahmen ab, auch wenn dadurch mein Leben verlängert werden kann.

Ich möchte mit den modernsten Mitteln der Medizin behandelt werden. Allerdings wünsche ich, dass keine

Medikamente verwendet werden, die nicht zugelassen sind. Neben den schulmedizinischen Behandlungsmethoden wünsche ich auch eine Behandlung mit alternativen Heilmethoden wie zum Beispiel Mistelinjektionen oder Akupunktur, sofern dies angebracht ist. Die alternativen Heilmethoden sollen die schulmedizinische Behandlung aber nicht ersetzen oder verzögern.

Wenn ich aufgrund einer Hirnschädigung voraussichtlich dauerhaft nicht mehr in der Lage sein werde, mit meiner Umwelt in Kontakt zu treten oder mit meinen Mitmenschen zu kommunizieren (Wachkoma), auch wenn es eine geringe Chance gibt, dass ich aus diesem Zustand aufwache, sollen alle oben genannten Maßnahmen gelten, mit einer Ausnahme: In diesem Fall wünsche ich die Gabe von Nahrung und Flüssigkeit auch über eine Sonde oder durch Infusionen. Dies soll so bald als nötig begonnen und bis zu meinem Tod (beziehungsweise so lange bis eine der anderen beschriebenen Situationen eingetreten ist) weitergeführt werden.

Wenn ich lediglich an einer Demenz erkrankt bin, sollen alle medizinischen und pflegerischen Möglichkeiten ausgeschöpft werden, bis eine der oben genannten Situationen eingetreten ist.

Wenn eine der oben beschriebenen Situationen eingetreten ist, möchte ich, dass mein Hausarzt Dr. Friedrich Gesmann, Bachstraße 4, 12345 Städtchen, Telefon 06543/7890 hinzugezogen wird, wenn wesentliche Entscheidungen über meine weitere medizinische Behandlung anstehen. Wenn er im Notfall nicht erreichbar ist, dürfen die behandelnden Ärzte die aus ihrer Sicht erforderliche Behandlung unter Berücksichtigung meiner hier dargelegten Wünsche auch ohne seine ärztliche Einschätzung einleiten beziehungsweise fortsetzen.

Wenn ich in der Lage bin, etwas zu verstehen, möchte ich, dass mich die behandelnden Ärzte verständlich und vollständig über meinen gesundheitlichen Zustand aufklären.

Ich entbinde die behandelnden Ärzte von ihrer Schweigepflicht gegenüber meinen Angehörigen und Freunden. Dies gilt insbesondere gegenüber meiner Lebenspartnerin Maria Schmidt, meinen Kindern Simone und Susanne sowie meinem guten Freund Helmut Meier.

Meine letzten Tage/Stunden möchte ich, wenn irgend möglich, in einem Hospiz in meinem Wohnort verbringen. Ich möchte das auch, wenn dadurch möglicherweise mein Tod früher eintritt, weil dafür eine Behandlung abgebrochen werden muss.

Falls möglich, möchte ich mich persönlich von meinen Angehörigen und Freunden verabschieden. Deshalb bitte ich um Benachrichtigung meiner Lebenspartnerin Maria Schmidt (Telefon 06543/1122) und meines Freundes Helmut Meier (Telefon 06543/9987), wenn absehbar ist, dass es mit meinem Leben zu Ende geht.

Nach meinem Tod wünsche ich keine Obduktion, auch wenn damit die Ursache meines Todes ungeklärt bleibt.

Nach meinem Hirntod möchte ich meine Organe für eine Transplantation zur Verfügung stellen. Dafür sollen alle nötigen medizinischen Maßnahmen durchgeführt werden, auch wenn ich sie für andere Situationen in dieser Patientenverfügung ausgeschlossen habe. Meine Bereitschaft zur Organspende und die damit verbundenen Behandlungsmaßnahmen haben Vorrang. Ein Organspendeausweis befindet sich bei meinem Personalausweis.

Ergänzend zu dieser Patientenverfügung habe ich eine Vorsorgevollmacht und eine Betreuungsverfügung erstellt. Meine Bevollmächtigten sind meine Lebenspartnerin Maria Schmidt, Landstraße 25 in 12345 Städtchen, Telefon 06543/1122, und meine Schwester Monika Müller, Am See 10, 98765 Bergstadt-Neukirchen. Meine Lebenspartnerin Maria Schmidt soll auch meine Betreuerin sein.

Ich habe diese Patientenverfügung aus freiem Willen und ohne Druck von anderen erstellt. Ich bin mir über die Inhalte dieser Patientenverfügung und deren Folgen bewusst. Deshalb habe ich mich auch von einem Hausarzt medizinisch beraten lassen. Bezüglich der hier genannten Festlegungen verzichte ich auf eine weitere ärztliche Beratung oder Aufklärung.

Städtchen, den 4. November 2014,
Unterschrift *Martin Müller*

Ich, Dr. Gesmann, bestätige, dass ich mit Herrn Martin Müller am 24.10.2012 ein ausführliches Beratungsgespräch geführt habe. Dabei haben wir die medizinischen Konsequenzen der Inhalte seiner Patientenverfügung besprochen. Ich bestätige auch, dass Herr Müller sich über die Inhalte dieser Patientenverfügung und deren Konsequenzen bewusst und in vollem Umfang einwilligungsfähig ist.

Städtchen, den 4. November 2014,
Unterschrift *Dr. Gesmann*

Diese Verfügung soll auch weiterhin gelten.
15. Juni 2015, Unterschrift *Martin Müller*

Muster Vorsorgevollmacht

Muster

Ich, Martin Müller, geboren am 23. 08. 1970 in Dörfchen, wohnhaft in Landstraße 25, 12345 Städtchen, bevollmächtige meine Lebenspartnerin, Frau Maria Schmidt, geboren am 27. 04. 1973 in Dörfchen, wohnhaft Landstraße 25 in 12345 Städtchen, Telefon 06543/1122, sowie meine Schwester Monika Müller, geboren am 24. 12. 72 in Städtchen, wohnhaft Am See 10, 98765 Bergstadt-Neukirchen, Telefon 09876/123456, mich in dem hier genannten Umfang zu vertreten:

Meine Bevollmächtigten sind berechtigt, mich in allen persönlichen Angelegenheiten sowie in Vermögens-, Steuer-, Renten-, Sozial-, Erb- und sonstigen Rechtsangelegenheiten, soweit dies gesetzlich zulässig ist, außergerichtlich und gerichtlich zu vertreten.

Sie dürfen auch Geschäfte mit sich selbst tätigen.

Diese Vollmacht gilt auch für alle Angelegenheiten der medizinischen Versorgung und Behandlung. Gegenüber meinen behandelnden Ärzten sollen meine Bevollmächtigten mich in allen notwendigen Entscheidungen vertreten, soweit dies gesetzlich möglich ist. Ich entbinde meine behandelnden Ärzte zu diesem Zweck von ihrer Schweigepflicht gegenüber meinen Bevollmächtigten.

Diese Vollmacht umfasst auch

- die Einwilligung in eine für mich aus ärztlicher Sicht zwingend erforderliche und mit Freiheitsentziehung verbundene Unterbringung in einem Heim oder einer anderen Einrichtung (§ 1906 Absatz 1 BGB),

- die Einwilligung in unterbringungsähnliche Maßnahmen für mich, wie zum Beispiel das Anbringen von Bauchgurten, Bettgittern und anderen mechanischen Vorrichtungen, sowie eine Freiheitsbeschränkung durch Medikamente (§ 1906 Absatz 4 BGB),
- die Einwilligung in alle erforderlichen ärztlichen Untersuchungen, Heilbehandlungen und Eingriffe bei mir, auch wenn die begründete Gefahr besteht, dass ich aufgrund der Maßnahme sterbe oder einen schweren oder länger andauernden gesundheitlichen Schaden erleide (§ 1904 BGB),
- sowie die Einwilligung zum Unterlassen oder Beenden lebenserhaltender oder lebensverlängernder Maßnahmen.

Die Vertretung in persönlichen Angelegenheiten umfasst auch die Aufenthaltsbestimmung und das Recht, meinen Haushalt aufzulösen.

Für den Fall, dass ich meine elterliche Sorge nicht wahrnehmen kann, bestimme ich für meine Kinder Simone und Susanne Müller meine Lebenspartnerin Maria Schmidt als Vormund. Dies entspricht vor allem dem Wohl meiner Kinder, weil beide seit 2001 in unserem gemeinsamen Haushalt leben und zu Frau Schmidt ein enges und vertrauensvolles Verhältnis haben. Diese Verfügung habe ich auch in mein handschriftliches Testament aufgenommen.

Meine Bevollmächtigten sollen die Ausgestaltung meiner Beerdigungszeremonie und die Einzelheiten meiner Bestattung übernehmen.

Diese Vollmacht soll eine Betreuung gemäß Betreuungsgesetz überflüssig machen. Sollte dennoch von einem Gericht die Einrichtung einer Betreuung für notwendig erachtet werden, so soll eine der hier bestimmten Bevollmächtigten als Betreuerin bestellt werden.

Falls das Betreuungsgericht einen sogenannten Kontrollbetreuer für notwendig hält, soll dies mein Freund Helmut Meier, geboren am 20. 10. 1970 in Musterstadt, wohnhaft Flussweg 1, 12345 Städtchen, Telefon 06543/9987, übernehmen.

Meine Bevollmächtigten haben das Recht, Untervollmachten an Dritte zu erteilen.

Die Vollmacht gilt nur, wenn meine Bevollmächtigten das Original der Vollmacht vorlegen können.

Diese Vollmacht bleibt auch nach meinem Tod so lange in Kraft, bis meine Erben sich als anspruchsberechtigt ausweisen können.

Die eventuelle Unwirksamkeit einzelner Verfügungen in dieser Vollmacht soll die Wirksamkeit der anderen Verfügungen nicht berühren.

Städtchen, den 4. Juni 2015,
Unterschrift *Martin Müller*

Ich, Maria Schmidt, kenne den Inhalt dieser Vollmacht und bin bereit, die Bevollmächtigung anzunehmen.

Städtchen, den 4. Juni 2015,
Unterschrift *Maria Schmidt*

Ich, Monika Müller, kenne den Inhalt dieser Vollmacht und bin bereit, die Bevollmächtigung anzunehmen.

Städtchen, den 4. Juni 2015,
Unterschrift *Monika Müller*

Ich, Rechtsanwalt Klaus Mustermann, bestätige, dass Martin Müller diese Vollmacht heute in meiner Gegenwart eigenhändig unterschrieben hat und ich keinen Zweifel daran habe, dass er selbstbestimmt mit eigenem Willen die bezeichneten Entscheidungen getroffen hat.

Städtchen, den 4. Juni 2015,
Unterschrift *Klaus Mustermann*

Muster Vereinbarung zwischen Vollmachtgeber und Bevollmächtigten

Muster

Vereinbarung zwischen

Martin Müller, geboren am 23. 08. 1970 in Dörfchen,
wohnhaft Landstraße 25, 12345 Städtchen,

und

Maria Schmidt, geboren am 27. 04. 1973 in Dörfchen,
wohnhaft Landstraße 25, 12345 Städtchen,

sowie

Monika Müller, geboren am 24. 12. 72 in Städtchen,
wohnhaft Am See 10, 98765 Bergstadt-Neukirchen,
Telefon 09876/123456

– nachfolgend Bevollmächtigte genannt –

Die folgende Vereinbarung ist eine Anweisung von mir an meine Bevollmächtigten im Innenverhältnis. Im Außenverhältnis gegenüber dritten Personen und Behörden gilt meine Vollmacht unbeschränkt.

Meine Bevollmächtigten verpflichten sich mir gegenüber, von dieser Vollmacht in meinem Interesse und zu meinem Wohlergehen sowie erst dann Gebrauch zu machen, wenn ich zeitweise oder dauerhaft meine Angelegenheiten nicht mehr regeln kann.

Den Eintritt meiner Entscheidungsunfähigkeit soll Herr Dr. Friedrich Gesmann, Bachstraße 4, 12345 Städtchen, Telefon 06543/7890, feststellen und schriftlich bestätigen. Wenn er verhindert ist, soll Frau Dr. Frieda Mann, Bachstraße 4, 12345 Städtchen, Telefon 06543/7890, dies übernehmen.

Meine Lebenspartnerin Maria Schmidt soll allein alle Aufgaben als Bevollmächtigte wahrnehmen. Nur wenn sie nicht in der Lage ist, meine Rechte wahrzunehmen, oder sie ausdrücklich Unterstützung wünscht, bestimme ich meine Schwester Monika Müller als Ersatzbevollmächtigte.

Meine Schwester Monika Müller ist nicht berechtigt, die Vollmacht meiner Lebenspartnerin Maria Schmidt zu widerrufen.

Bei der Vertretung in medizinischen Angelegenheiten sollen meine Bevollmächtigten meine Vorstellungen berücksichtigen, die ich in meiner Patientenverfügung festgelegt habe.

Das Anbringen von Bauchgurten, Bettgittern und anderen Vorrichtungen sowie Freiheitsbeschränkung durch Medikamente ist für mich nur akzeptabel, wenn alle anderen Maßnahmen nach dem aktuellen wissenschaftlichen Stand der pflegerischen Erkenntnisse ausgeschöpft sind.

Meine Bevollmächtigten sollen für die Zeit, in der sie aktiv Aufgaben als Bevollmächtigte wahrnehmen, für ihre

Tätigkeit jeweils eine pauschale Aufwandsentschädigung in Höhe von 50 Euro pro Monat aus meinem Vermögen erhalten.

Meine Kinder Simone und Susanne Müller sollen zum Geburtstag, zu Weihnachten und Ostern Sach- oder Geldgeschenke in Höhe von maximal 100 Euro aus meinem Vermögen erhalten. Für die folgenden Ereignisse sollen sie jeweils 500 Euro aus meinem Vermögen erhalten: Konfirmation, bestandenes Abitur, Erwerb des Führerscheins. Außerdem sollen sie für Zeiten der ersten Ausbildung beziehungsweise des Erststudiums, maximal 5 Jahre, eine monatliche Unterstützung in Höhe der dann geltenden BAföG-Sätze erhalten.

Mein Vermögen ist mündelsicher zu verwalten.

Falls meine Pflege nicht aus meinem laufenden Einkommen finanziert werden kann, soll meine Münzsammlung verkauft werden.

Mein Freund Helmut Meier will und soll sich um meinen Hund kümmern; dafür erhält er 20 Euro monatlich.

Meine Bevollmächtigten haften gegenüber mir und meinen Erben nur für vorsätzliche und grob fahrlässige Handlungen sowie für eine grobe Missachtung meiner in dieser Vereinbarung festgelegten Wünsche. Den Bevollmächtigten muss dies nachgewiesen werden.

Städtchen, den 4. Juni 2015,
Unterschrift *Martin Müller*

Ich, Maria Schmidt, kenne den Inhalt dieser Vereinbarung und bin bereit, den hier getroffenen Regelungen nachzukommen.

Städtchen, den 4. Juni 2015,
Unterschrift *Maria Schmidt*

Ich, Monika Müller, kenne den Inhalt dieser Vereinbarung und bin bereit, den hier getroffenen Regelungen nachzukommen.

Städtchen, den 8. Juni 2015,
Unterschrift *Monika Müller*

Ich, Rechtsanwalt Klaus Mustermann, bestätige, dass Martin Müller diese Vereinbarung heute in meiner Gegenwart eigenhändig unterschrieben hat und ich keinen Zweifel daran habe, dass er selbstbestimmt mit eigenem Willen die bezeichneten Entscheidungen getroffen hat.

Städtchen, den 4. Juni 2015,
Unterschrift *Klaus Mustermann*

Muster Betreuungsverfügung

Muster

Für den Fall, dass eine gerichtliche Betreuung notwendig werden sollte, wünsche ich, Martin Müller, geboren am 23. 08. 1970 in Dörfchen, wohnhaft Landstraße 25, 12345 Städtchen, dass meine Lebenspartnerin, Frau Maria Schmidt, geboren am 27. 04. 1973 in Dörfchen, Landstraße 25, 12345 Städtchen, zur Betreuerin bestellt wird.

Als Ersatzbetreuer bestimme ich in absteigender Reihenfolge:

- Monika Müller, geb. 24. 12. 1972, Am See 10, 98765 Bergstadt-Neukirchen, Telefon 09876/123456
- Helmut Meier, geb. 10. 10. 1970, Flussweg 1, 123456 Städtchen, Telefon 06543/9987

Meine geschiedene Frau, Marion Müller, geborene Fischer, soll auf keinen Fall zu meiner Betreuerin bestellt werden.

Ich habe eine Patientenverfügung und eine Vorsorgevollmacht samt Vereinbarung mit den Bevollmächtigten im Innenverhältnis erstellt. Die Festlegungen in diesen Dokumenten sollen auch im Fall einer gesetzlichen Betreuung bindend sein.

Städtchen, den 4. Juni 2015,
Unterschrift *Martin Müller*

Ich, Maria Schmidt, kenne den Inhalt dieser Verfügung und bin bereit, die Betreuung anzunehmen.

Städtchen, den 4. Juni 2015,
Unterschrift *Maria Schmidt*

Ich, Dr. Gesmann, bestätige, dass Herr Martin Müller diese Verfügung heute in meiner Gegenwart eigenhändig unterschrieben hat und ich keinen Zweifel daran habe, dass er selbstbestimmt mit eigenem Willen die bezeichneten Entscheidungen getroffen hat.

Städtchen, den 4. Juni 2015,
Unterschrift *Dr. Gesmann*

MEMO

Kopien und Originale von Vollmacht und Verfügungen sind an folgenden Orten:

- Regal in meinem Büro zu Hause; Ordner „Persönliches“: 1 Original und 1 Kopie von allen Unterlagen
- Maria: 3 Originale Vollmacht, je 1 Original Vereinbarung Innenverhältnis, Patientenverfügung, Betreuungsverfügung
- Monika: 3 Originale Vollmacht, je 1 Original Vereinbarung Innenverhältnis, Patientenverfügung, Betreuungsverfügung
- Helmut: 1 Original Betreuungsverfügung, 1 Kopie Patientenverfügung
- Dr. Gesmann: 1 Kopie Patientenverfügung

Anhang

- *Vollmacht*
- *Vereinbarung im Innenverhältnis*
- *Betreuungsverfügung*

Musterformulare

Hinweis: Das nachfolgende Formular ist als Hilfestellung für die Erstellung einer Vollmacht gedacht.

Insbesondere sollte die Checkliste zur Erstellung einer Vollmacht (⇢ Seite 74 f.) und die Checkliste für Bevollmächtigte (⇢ Seite 76 f.) genutzt werden. Das Formular kann nur „Standardsituationen“ abdecken. Für abweichende Konstellationen und individuelle Regelungen sind entsprechende Ergänzungen in den Freifeldern oder eine komplette Neuerstellung nötig. Nutzen Sie dafür auch die Textbausteine ab Seite 110 ff.

Die Vollmacht soll nach außen gegenüber Dritten sofort gültig sein. Um Bedingungen zum Einsatz der Vollmacht und Details zur Umsetzung zu regeln, sollte zusätzlich eine gesonderte Vereinbarung zwischen Vollmachtgeber und Bevollmächtigtem geschlossen werden.

Vollmacht

Ich, ____________________ (Vor- und Zuname)
geboren am __________ in __________
wohnhaft in ____________________
____________________ (Anschrift,Telefon)

erteile eine Vollmacht an

Herrn/Frau ____________________
(Vor- und Zuname) nachfolgend Bevollmächtigte/r genannt

geboren am __________ in __________
wohnhaft in ____________________
____________________ (Anschrift,Telefon)

Der/die Bevollmächtigte wird bevollmächtigt, mich in allen nachfolgend angekreuzten Angelegenheiten zu vertreten.

Die Vollmacht ist nur wirksam, wenn der/die Bevollmächtigte das Original dieser Vollmachtsurkunde besitzt und sie auf Verlangen vorlegen kann.

Die eventuelle Unwirksamkeit einzelner Verfügungen in dieser Vollmacht soll die Wirksamkeit der anderen Verfügungen nicht berühren.

1. Verträge, Finanzen

☐ Der/die Bevollmächtigte ist berechtigt, mich in allen persönlichen Angelegenheiten sowie in Vermögens-, Steuer-, Renten-, Sozial-, Erb- und sonstigen Rechtsangelegenheiten, soweit dies gesetzlich zulässig ist, außergerichtlich und gerichtlich zu vertreten.

☐ Die Vertretung in vermögensrechtlichen Angelegenheiten umfasst unter anderem die Vertretung gegenüber Ämtern, Behörden, Versicherungen und meiner Krankenkasse sowie die Erledigung der Bankgeschäfte.
***Hinweis:** eventuell gesonderte Bankvollmacht notwendig*

☐ Mitarbeiter von Ämtern, Behörden, Banken, Versicherungen und meiner Krankenkasse sind meiner/m Bevollmächtigten gegenüber von ihrer Schweigepflicht befreit.

☐ Der/die Bevollmächtigte ist ermächtigt, Verträge aller Art in meinem Namen abzuschließen oder aufzulösen.

☐ Der/die Bevollmächtigte ist berechtigt, Geschäfte mit sich selbst zu tätigen (§ 181 BGB).

☐ Der/die Bevollmächtigte ist berechtigt, meine Grundstücke und Immobilien zu verwalten und zu verkaufen. ***Hinweis:** notarielle Beurkundung erforderlich!*

☐ Der/die Bevollmächtigte ist berechtigt, meine Post, auch Einschreiben, Zahlungsanweisungen mit einem Betrag von mehr als 250 Euro und Sendungen mit dem Zusatz „eigenhändig", entgegenzunehmen und zu öffnen.
***Hinweis:** gesonderte Postvollmacht ausstellen*

☐ Der/die Bevollmächtigte ist berechtigt, für mich als Kläger oder Beklagter Prozesse zu führen.

☐ ______________________________
____

☐ ______________________________
____

☐ ______________________________
____

Die folgenden Geschäfte soll mein/e Bevollmächtigte/r **nicht** wahrnehmen dürfen:

☐ ______________________________
____

☐ ______________________________
____

☐ ______________________________
____

2. Gesundheitsangelegenheiten

☐ Der/die Bevollmächtigte darf in allen Angelegenheiten der medizinischen Versorgung und Behandlung entscheiden. Gegenüber meinen behandelnden Ärzten soll mein Bevollmächtigter mich in allen notwendigen Entscheidungen vertreten, soweit dies gesetzlich möglich ist.

☐ Der/die Bevollmächtigte darf über alle erforderlichen ärztlichen Untersuchungen, Heilbehandlungen und Eingriffe bei mir entscheiden, auch wenn die begründete Gefahr besteht, dass ich aufgrund der Maßnahme sterbe oder einen schweren oder länger andauernden gesundheitlichen Schaden erleide (§ 1904 BGB).

☐ Der/die Bevollmächtigte darf über das Unterlassen oder Beenden lebenserhaltender oder lebensverlängernder Maßnahmen entscheiden.
***Hinweis:** Diese Formulierungen müssen Sie – unabhängig von der Formulierung in der Patientenverfügung – in die Vollmacht aufnehmen, wenn Sie erreichen wollen, dass der Bevollmächtigte ohne Bestellung eines Betreuers entscheiden darf!*

☐ Ich entbinde meine behandelnden Ärzte von ihrer Schweigepflicht gegenüber meinem/r Bevollmächtigten.

☐ Der/die Bevollmächtigte ist berechtigt, meine behandelnden Ärzte gegenüber anderen Dritten von der Schweigepflicht zu entbinden.

☐ ______________________________
____

☐ ______________________________
____

☐ ______________________________
____

3. Wohnung, Aufenthalt und freiheitsentziehende Maßnahmen

☐ Der/die Bevollmächtigte darf meinen Aufenthaltsort bestimmen, inklusive eines Umzugs in ein Heim.

☐ Der/die Bevollmächtigte darf meine Mietverträge abschließen und kündigen.

☐ Der/die Bevollmächtigte ist berechtigt, meinen Haushalt aufzulösen und über das Inventar zu verfügen.

☐ Der/die Bevollmächtigte darf in eine für mich aus ärztlicher Sicht zwingend erforderliche und mit Freiheitsentziehung verbundene Unterbringung in einem Heim oder einer anderen Einrichtung (§ 1906 Absatz 1 BGB) einwilligen.

☐ Der/die Bevollmächtigte darf in unterbringungsähnliche Maßnahmen für mich, wie zum Beispiel das Anbringen von Bauchgurten, Bettgittern und anderen mechanischen Vorrichtungen, sowie eine Freiheitsbeschränkung durch Medikamente (§ 1906 Absatz 4 BGB) einwilligen.

☐ Der/die Bevollmächtigte darf in eine ärztliche Zwangsmaßnahme bei mir einwilligen, wenn ein erheblicher gesundheitlicher Schaden droht und dieser durch keine andere zumutbare Maßnahme abgewendet werden kann (§ 1906 Absatz 3 BGB).
***Hinweis:** Die drei vorgenannten Formulierungen müssen Sie in die Vollmacht aufnehmen, wenn Sie erreichen wollen, dass der Bevollmächtigte ohne Bestellung eines Betreuers entscheiden darf!*

☐ ______________________________
____

4. Weitere Bereiche

☐ Der/die Bevollmächtigte ist berechtigt, in meinem Namen Erbschaften auszuschlagen.
***Hinweis:** Beglaubigung der Unterschrift durch Betreuungsbehörde oder Notar notwendig!*

☐ Der/die Bevollmächtigte soll die Ausgestaltung meiner Beerdigungszeremonie und die Einzelheiten meiner Bestattung übernehmen.

☐ Diese Vollmacht bleibt auch nach meinem Tod so lange in Kraft, bis meine Erben sich als anspruchsberechtigt ausweisen können.

☐ ______________________________
____

☐ ______________________________
____

5. Stellvertretung

☐ Der/die Bevollmächtigte hat das Recht, Untervollmachten an Dritte zu erteilen.

6. Betreuung, Kontrollbetreuung

☐ Diese Vollmacht soll eine Betreuung gemäß Betreuungsgesetz überflüssig machen. Sollte dennoch von einem Gericht die Einrichtung einer Betreuung für notwendig erachtet werden, so soll der/die hier bestimmte Bevollmächtigte zum Betreuer bestellt werden.

☐ Sollte der/die Bevollmächtigte nicht für die Aufgaben als Betreuer geeignet sein, bitte ich das Gericht, aus den nachfolgend genannten Personen in absteigender Reihenfolge einen Betreuer auszuwählen:

1. Herr/Frau ______________________ (Vor- und Zuname)
geboren am ____________ in ______________________
wohnhaft in ______________________
______________________ (Anschrift, Telefon)

2. Herr/Frau ______________________ (Vor- und Zuname)
geboren am ____________ in ______________________
wohnhaft in ______________________
______________________ (Anschrift, Telefon)

3. Herr/Frau ______________________ (Vor- und Zuname)
geboren am ____________ in ______________________
wohnhaft in ______________________
______________________ (Anschrift, Telefon)

4. Herr/Frau ______________________ (Vor- und Zuname)
geboren am ____________ in ______________________
wohnhaft in ______________________
______________________ (Anschrift, Telefon)

☐ Falls das Betreuungsgericht einen sogenannten Kontrollbetreuer für notwendig hält, soll dies Herr/Frau ______________________ (Vor- und Zuname)
geboren am ____________ in ______________________
wohnhaft in ______________________________________
______________________________ (Anschrift,Telefon) übernehmen.

☐ Auf keinen Fall soll/en die nachfolgend genannte/n Person/en zu meinem Betreuer/meiner Betreuerin bestellt werden:

1. Herr/Frau ______________________ (Vor- und Zuname)
geboren am ____________ in ______________________
wohnhaft in ______________________________________
______________________________ (Anschrift,Telefon)

2. Herr/Frau ______________________ (Vor- und Zuname)
geboren am ____________ in ______________________
wohnhaft in ______________________________________
______________________________ (Anschrift,Telefon)

7. Haftung/Haftungsbeschränkung

☐ Der Bevollmächtigte haftet gegenüber dem Vollmachtgeber, seinen Erben sowie gegenüber Behörden nur für vorsätzliche und grob fahrlässige Handlungen sowie für eine grobe Missachtung der Wünsche des Vollmachtgebers.

☐ Dem Bevollmächtigten muss nachgewiesen werden, dass er entgegen den Wünschen des Vollmachtgebers gehandelt hat (Beweislastumkehr).

☐ Der Bevollmächtigte wird von der Beweislast der weisungsgemäßen Erfüllung dieser Vollmacht entbunden.

Hinweis: Auf gleiche Regelungen in der Vereinbarung im Innenverhältnis zwischen Vollmachtgeber und Bevollmächtigtem achten.

______________________ ______________________________
Ort, Datum Unterschrift des Vollmachtgebers

Bestätigung

Ich, ______________________________ (Name des Bevollmächtigten)
kenne den Inhalt dieser Vollmacht und bin bereit, die Bevollmächtigung anzunehmen.

________________ ______________________________
Ort, Datum Unterschrift des Bevollmächtigten

Ich , ______________________________

____

(Vor- und Zuname, Anschrift, Telefon des Zeugen, z. B. Arzt Ihres Vertrauens, Notar)
bestätige, dass Herr/Frau

____

(Name des Verfügenden)
diese Verfügung heute in meiner Gegenwart eigenhändig unterschrieben hat und ich keinen Zweifel daran habe, dass er selbstbestimmt mit eigenem Willen die bezeichneten Entscheidungen getroffen hat.

________________ ______________________________
Ort, Datum Unterschrift

Hinweis: Die Wirksamkeit hängt nicht von einer solchen Bestätigung eines Zeugen ab. Diese wird aber spätestens dann wichtig, wenn bezweifelt wird, dass Sie beim Verfassen Ihrer Vollmacht geschäftsfähig waren.

Ergänzende Unterlagen

☐ Vereinbarung mit dem Bevollmächtigten im Innenverhältnis
☐ Bankvollmachten zu den folgenden Konten auf Formularen der Banken:

____

____

____

☐ Gesonderte Postvollmacht
☐ Patientenverfügung
☐ Handschriftliche Sorgerechtsverfügung für minderjährige Kinder
☐ Liste: Wer hat Originale und Kopien welcher Vollmachten und Verfügungen

Hinweis: Das nachfolgende Formular ist als Hilfestellung für die Erstellung einer Vereinbarung zwischen Vollmachtgeber und Bevollmächtigtem – als Ergänzung zu einer Vollmacht – gedacht. Sie ist wichtig, um die sachgemäße Umsetzung der Vollmacht zu regeln und den Bevollmächtigten in seinem Handeln abzusichern. Diese Vereinbarung dient der internen Regelung und ist nicht für Außenstehende gedacht.

Insbesondere sollte die Checkliste zur Erstellung einer Vollmacht (⇢ Seite 74 ff.) und die Checkliste für Bevollmächtigte (⇢ Seite 76 ff.) genutzt werden. Das Formular kann nur „Standardsituationen" abdecken. Für abweichende Konstellationen und individuelle Regelungen sind entsprechende Ergänzungen in den Freifeldern oder eine komplette Neuerstellung nötig. Nutzen Sie dafür auch die Textbausteine ab Seite 99 ff.

Vereinbarung im Innenverhältnis

Zwischen

_______________________________________ (Vor- und Zuname),

nachfolgend **Vollmachtgeber** genannt

geboren am _______________ in _______________________

wohnhaft in ______________________________________

_______________________________________ (Anschrift, Telefon)

und

_______________________________________ (Vor- und Zuname),

nachfolgend **Bevollmächtigte/r A** genannt

geboren am _______________ in _______________________

wohnhaft in ______________________________________

_______________________________________ (Anschrift, Telefon)

und

_______________________________________ (Vor- und Zuname),

nachfolgend **Bevollmächtigte/r B** genannt

geboren am _______________ in _______________________

wohnhaft in ______________________________________

_______________________________________ (Anschrift, Telefon)

(ggf. streichen, wenn nur ein Bevollmächtigter)

Diese Vereinbarung regelt die Anwendung der Vollmacht vom ________ (Datum) im Innenverhältnis zwischen Vollmachtgeber und Bevollmächtigtem. Die im Außenverhältnis umfänglich gültige Vollmacht darf der Bevollmächtigte nur in dem nachfolgend durch Ankreuzen und Ausfüllen bestimmten Umfang nutzen.

1. Wirksamkeit

☐ Der Bevollmächtigte verpflichtet sich gegenüber dem Vollmachtgeber, von der Vollmacht in seinem Interesse und zu seinem Wohlergehen sowie erst dann Gebrauch zu machen, wenn der Vollmachtgeber zeitweise oder dauerhaft seine Angelegenheiten nicht mehr regeln kann.

☐ Der Eintritt der Entscheidungsunfähigkeit und/oder Geschäftsunfähigkeit muss (ärztlich) festgestellt und schriftlich bestätigt werden durch

____

____

(Vor- und Zuname, Anschrift und Telefon der gewünschten Person/(Haus-)Arzt und gegebenenfalls eines Vertreters)

☐ Ist der genannte Arzt nicht erreichbar, kann an seiner Stelle ein anderer Arzt mit der erforderlichen Fachqualifikation dieses tun.

☐ Die Bestätigung der Entscheidungsunfähigkeit und/oder Geschäftsunfähigkeit muss im Abstand von ________ Monaten wiederholt werden.

☐ ____

____

____

____

☐ ____

____

____

____

2. Mehrere Bevollmächtigte

☐ Der Bevollmächtigte A soll allein alle Aufgaben als Bevollmächtigter wahrnehmen. Nur wenn er nicht in der Lage ist, die Rechte des Vollmachtgebers wahrzunehmen oder ausdrücklich Unterstützung wünscht, soll Bevollmächtigter B an seiner Stelle handeln.

☐ Der Bevollmächtigte A soll sich ausschließlich um die Vermögens- und Rechtsangelegenheiten des Vollmachtgebers kümmern. Der Bevollmächtigte B soll den Vollmachtgeber in allen anderen, insbesondere den persönlichen, Angelegenheiten vertreten. Bei Überschneidungen der Aufgaben soll Bevollmächtigter ____________ (A oder B) die Entscheidung treffen.

☐ Die Bevollmächtigten sind nicht berechtigt, ihre Vollmachten gegenseitig zu widerrufen.

☐ Sofern Unstimmigkeiten zwischen den Bevollmächtigten zur Ausübung ihrer Aufgaben bestehen, müssen sie notariellen Rat einholen. Die Bevollmächtigten müssen dem Rat des Notars folgen.

☐ Sofern Unstimmigkeiten zwischen den Bevollmächtigten zur Ausübung ihrer Aufgaben bestehen, müssen sie vor Gericht für diesen Aufgabenbereich die Einrichtung einer Betreuung anregen. Die Auswahl des dafür geeigneten Betreuers obliegt dem Gericht.

☐ ____

____

☐ ____

____

3. Gesundheitsangelegenheiten und längerfristige Pflege

☐ Bei der Vertretung in medizinischen Angelegenheiten soll der Bevollmächtigte die Vorstellungen des Vollmachtgebers berücksichtigen, insbesondere die Regelungen in seiner Patientenverfügung.

Eine Patientenverfügung wurde vom Vollmachtgeber erstellt. Deren Inhalte sind dem Bevollmächtigten bekannt und er kennt den Aufenthaltsort des Originals der Patientenverfügung.

☐ sonstige Regelungen zur medizinischen Behandlung: ______________________

____

____

____

☐ Einkommen und Vermögen des Vollmachtgebers sollen für die bestmögliche Pflege seiner Person verwendet werden. Zur finanziellen Sicherstellung der Pflege darf der Bevollmächtigte auch Geldanlagen des Bevollmächtigten auflösen und/oder Vermögenswerte verkaufen.

☐ Für den Fall einer Pflegebedürftigkeit des Vollmachtgebers über längere Zeit soll möglichst die folgende Person/Dienstleister die Pflege übernehmen.

____

Name der Person/des Dienstleisters, Anschrift, Telefon

☐ sonstige Regelungen für die Pflege zu Hause: ______________________

____

____

☐ Für die Übernahme der Pflege soll die oben benannte Person/Institution wie folgt entschädigt werden:

☐ monatlicher Geldbetrag in Höhe von: __________ Euro

☐ freie Kost und Logis (in der Wohnung des Vollmachtgebers während der Zeit der Pflege)

☐ ____

☐ Falls professionelle Pflege zu Hause notwendig ist, soll möglichst der Pflegedienst

____

(Name, Adresse des Pflegedienstes) damit beauftragt werden.

☐ Wenn eine ambulante Versorgung des Vollmachtgebers nicht (mehr) möglich ist, möchte der Vollmachtgeber möglichst in die folgende Pflegeeinrichtung einziehen:

____

(Name, Adresse der Einrichtung)

☐ Wenn eine ambulante Versorgung des Vollmachtgebers nicht (mehr) möglich und ein Umzug in eine Pflegeeinrichtung nötig ist, soll diese unter anderem unter folgenden Gesichtspunkten ausgewählt werden:

☐ Nähe zum bisherigen Wohnort des Vollmachtgebers
☐ Nähe zum Wohnort des Bevollmächtigten
☐ günstige Kosten der Einrichtung
☐ konfessionelle Ausrichtung der Einrichtung, der folgenden Religion: ______
☐ Versorgung in einem Einzelzimmer
☐ hohe fachliche Standards und Pflegequalität
☐ weitere Wünsche an die Pflegeeinrichtung:

____
____
____

4. Wohnungsangelegenheiten und freiheitsbeschränkende Maßnahmen

☐ Dem Anbringen von Bauchgurten, Bettgittern und anderen Vorrichtungen sowie der Freiheitsbeschränkung durch Medikamente darf der Bevollmächtigte nur zustimmen, wenn alle anderen Maßnahmen nach dem aktuellen wissenschaftlichen Stand der pflegerischen Erkenntnisse ausgeschöpft sind.

☐ Sofern der Umzug in ein Pflegeheim nötig wird, sollen die Wohnung und der Haushalt des Vollmachtgebers für ______ Monate beibehalten und die dafür nötigen (Miet-)Zahlungen geleistet werden.

☐ Nach dem Umzug des Vollmachtgebers in ein Heim darf der Bevollmächtigte den Mietvertrag des Vollmachtgebers kündigen, den Haushalt auflösen und das Inventar verwerten.

☐ weitere Regelungen zu Wohnung, Haushaltsauflösung, Verwertung Inventar und Umzug:

____
____
____
____
____

5. Finanzen und Geschenke

☐ Der Bevollmächtigte soll aus dem Einkommen und Vermögen des Vollmachtgebers folgende (regelmäßige) **Zahlungen** an die folgenden Personen zahlen:

____

____

____

____

(Betrag, Häufigkeit, an welche Person)
***Hinweis:** besonders Zahlungen an den Bevollmächtigten und seine Familienmitglieder vollständig und detailliert auflisten*

☐ Der Bevollmächtigte soll aus dem Einkommen und Vermögen des Vollmachtgebers folgende (regelmäßige) **Geschenke** an die folgenden Personen geben:

____

____

____

____

(Wert, Häufigkeit/Anlass, an welche Person)
***Hinweis:** besonders Schenkungen an den Bevollmächtigten und seine Familienmitglieder vollständig und detailliert auflisten*

☐ Der Bevollmächtigte soll für seine Tätigkeit eine pauschale Aufwandsentschädigung in Höhe von ______ Euro pro Monat/Jahr aus dem Einkommen und Vermögen des Vollmachtgebers erhalten.

6. Sonstige Wünsche und Anweisungen an den Bevollmächtigten

☐ ____

____

☐ ____

____

☐ ____

____

☐ ____
____

☐ ____
____

☐ ____
____

...

Hinweis: Hier können Sie alle Wünsche und Anweisungen auflisten, die vom Bevollmächtigten berücksichtigt werden sollen, zum Beispiel Sorge für Kinder, Versorgung von Haustieren und Garten, Umgang mit größeren Vermögenswerten, Regelungen zum Begräbnis und zur Trauerzeremonie.

7. Haftung/Haftungsausschluss

☐ Der Bevollmächtigte haftet gegenüber dem Vollmachtgeber, seinen Erben sowie gegenüber Behörden nur für vorsätzliche und grob fahrlässige Handlungen sowie für eine grobe Missachtung der in dieser Vereinbarung festgelegten Wünsche.

☐ Dem Bevollmächtigten muss nachgewiesen werden, dass er entgegen den Wünschen des Vollmachtgebers gehandelt hat (Beweislastumkehr).

☐ Der Bevollmächtigte wird von der Beweislast der weisungsgemäßen Erfüllung dieser Vereinbarung durch den Vollmachtgeber entbunden.

Hinweis: auf gleiche Regelungen in der Vollmacht achten.

______________	______________________
Ort, Datum	Unterschrift des Vollmachtgebers
______________	______________________
Ort, Datum	Unterschrift des Bevollmächtigten A
______________	______________________
Ort, Datum	Unterschrift des Bevollmächtigten B

Hinweis: *Das nachfolgende Formular ist als Hilfestellung für die Erstellung einer reinen Betreuungsverfügung gedacht. Das Formular kann nur „Standardsituationen" abdecken. Für abweichende Konstellationen und individuelle Regelungen sind entsprechende Ergänzungen in den Freifeldern oder eine komplette Neuerstellung nötig. Nutzen Sie dafür auch die Textbausteine ab Seite 121 ff.*

Betreuungsverfügung

Nur für den Fall, dass dies nicht bereits in einer Vollmacht geregelt wurde

Für den Fall, dass eine gerichtliche Betreuung notwendig werden sollte, wünsche ich, ______________________ (Vor- und Zuname)
geboren am ____________ in ______________________
wohnhaft in ______________________
______________________ (Anschrift, Telefon)
die nachfolgend durch Ankreuzen und Ausfüllen beschriebene Ausgestaltung der Betreuung.

1. Person des Betreuers

☐ Ich bitte das Gericht, aus den nachfolgend genannten Personen in absteigender Reihenfolge einen Betreuer auszuwählen:

1. Herr/Frau ______________________ (Vor- und Zuname)
geboren am ____________ in ______________________
wohnhaft in ______________________
______________________ (Anschrift, Telefon)

2. Herr/Frau ______________________ (Vor- und Zuname)
geboren am ____________ in ______________________
wohnhaft in ______________________
______________________ (Anschrift, Telefon)

3. Herr/Frau ______________________ (Vor- und Zuname)
geboren am ____________ in ______________________
wohnhaft in ______________________
______________________ (Anschrift, Telefon)

4. Herr/Frau ______________________ (Vor- und Zuname)
geboren am ____________ in ______________________
wohnhaft in ______________________________________
______________________ (Anschrift, Telefon)

☐ Falls das Betreuungsgericht einen sogenannten Kontrollbetreuer für notwendig hält, soll dies Herr/Frau ______________________ (Vor- und Zuname)
geboren am ____________ in ______________________
wohnhaft in ______________________________________
______________________ (Anschrift, Telefon) übernehmen.

☐ Auf keinen Fall soll/en die nachfolgend genannte/n Person/en zu meinem Betreuer/meiner Betreuerin bestellt werden:

1. Herr/Frau ______________________ (Vor- und Zuname)
geboren am ____________ in ______________________
wohnhaft in ______________________________________
______________________ (Anschrift, Telefon)

2. Herr/Frau ______________________ (Vor- und Zuname)
geboren am ____________ in ______________________
wohnhaft in ______________________________________
______________________ (Anschrift, Telefon)

2. Gesundheitsangelegenheiten und längerfristige Pflege

☐ Bei der Vertretung in medizinischen Angelegenheiten soll der Betreuer meine Vorstellungen berücksichtigen, insbesondere die Regelungen in der Patientenverfügung.

☐ Ich habe eine Patientenverfügung erstellt.
Die Patientenverfügung ist an folgendem Ort hinterlegt:
____

☐ sonstige Wünsche zur medizinischen Behandlung:
____
____

____
____
____
____
____
____

☐ Mein Einkommen und Vermögen sollen für die bestmögliche Pflege meiner Person verwendet werden. Zur finanziellen Sicherstellung der Pflege soll der Betreuer auch meine Geldanlagen auflösen und/oder Vermögenswerte verkaufen.

☐ Für den Fall meiner Pflegebedürftigkeit über längere Zeit soll möglichst die folgende Person/Dienstleister die Pflege übernehmen.

____
____
Name der Person/des Dienstleisters, Anschrift, Telefon

☐ sonstige Regelungen für die Pflege zu Hause:

____
____
____

☐ Für die Übernahme der Pflege soll die oben benannte Person/Institution wie folgt entschädigt werden:

☐ monatlicher Geldbetrag in Höhe von: __________ Euro

☐ freie Kost und Logis (in meiner Wohnung während der Zeit der Pflege)

☐ ____

☐ Falls professionelle Pflege zu Hause notwendig ist, soll möglichst der Pflegedienst

____
____
(Name, Adresse des Pflegedienstes) damit beauftragt werden.

☐ Wenn meine ambulante Versorgung nicht (mehr) möglich ist, möchte ich möglichst in die folgende Pflegeeinrichtung einziehen: ______________________

____
______________________________ (Name, Adresse der Einrichtung)

☐ Wenn meine ambulante Versorgung nicht (mehr) möglich und ein Umzug in eine Pflegeeinrichtung nötig ist, soll der Betreuer diese unter anderem unter folgenden Gesichtspunkten auswählen:
- ☐ Nähe zum bisherigen Wohnort des Vollmachtgebers
- ☐ Nähe zum Wohnort des Bevollmächtigten
- ☐ günstige Kosten der Einrichtung
- ☐ konfessionelle Ausrichtung der Einrichtung, der folgenden Religion: ______
- ☐ Versorgung in einem Einzelzimmer
- ☐ hohe fachliche Standards und Pflegequalität
- ☐ weitere Wünsche an die Pflegeeinrichtung:

____
____
____

4. Wohnungsangelegenheiten

☐ Sofern der Umzug in ein Pflegeheim nötig wird, sollen meine Wohnung und mein Haushalt für ______ Monate beibehalten und die dafür nötigen (Miet-) Zahlungen geleistet werden.

☐ Nach meinem Umzug in ein Heim soll der Betreuer baldmöglichst die Wohnung/das Haus verkaufen oder den Mietvertrag kündigen, den Haushalt auflösen und das Inventar verwerten.

☐ weitere Regelungen zu Wohnung, Haushaltsauflösung, Verwertung Inventar und Umzug:

____
____
____
____
____
____
____
____
____
____

5. Finanzen und Geschenke

☐ Der Betreuer soll aus meinem Einkommen und Vermögen folgende (regelmäßige) **Zahlungen** an die folgenden Personen zahlen:

____

____

____

____

(Betrag, Häufigkeit, an welche Person)
Hinweis: *besonders Zahlungen an den Betreuer und seine Familienmitglieder aufführen*

☐ Der Betreuer soll aus meinem Einkommen und Vermögen folgende (regelmäßige) **Geschenke** an die folgenden Personen geben:

____

____

____

____

(Wert, Häufigkeit/Anlass, an welche Person)
Hinweis: *besonders Schenkungen an den Betreuer und seine Familienmitglieder aufführen*

☐ Der Betreuer soll für seine Tätigkeit eine pauschale Aufwandsentschädigung in Höhe von __________ Euro pro Monat/Jahr aus meinem Einkommen und Vermögen des Vollmachtgebers erhalten.

6. Sonstige Wünsche und Anweisungen an den Betreuer

☐ ____

____

☐ ____

____

☐ ____

____

☐ ____
____

☐ ____
____

☐ ____
____

...

Hinweis: Hier können Sie alle Wünsche und Anweisungen auflisten, die vom Betreuer berücksichtigt werden sollen, zum Beispiel Sorge für Kinder, Versorgung von Haustieren und Garten, Umgang mit größeren Vermögenswerten, Regelungen zum Begräbnis und zur Trauerzeremonie.

______________________ ______________________

Ort, Datum Unterschrift des Verfügenden

Bestätigung

Ich, ____
____
____

(Vor- und Zuname, Anschrift, Telefon des Zeugen, z. B. Arzt Ihres Vertrauens, Notar)

bestätige, dass Herr/Frau

____

(Name des Verfügenden)

diese Verfügung heute in meiner Gegenwart eigenhändig unterschrieben hat und ich keinen Zweifel daran habe, dass er selbstbestimmt mit eigenem Willen die bezeichneten Entscheidungen getroffen hat.

______________________ ______________________

Ort, Datum Unterschrift

Adressen

Hinterlegung/Registrierung von Vorsorgedokumenten

Deutsche Stiftung Patientenschutz
Europaplatz 7
44269 Dortmund
Telefon: 02 31/73 80 73-0
Telefax: 02 31/73 80 73-1
info@stiftung-patientenschutz.de
www.stiftung-patientenschutz.de

Für Mitglieder Hinterlegung von Patientenverfügungen und Vollmachten als Volltext im „Bundeszentralregister Willenserklärung“, Mitgliedsbeitrag: für Einzelpersonen 42 Euro pro Jahr, für Paare 2 × 36 Euro pro Jahr

Deutsches Rotes Kreuz – Zentralarchiv
DRK-Ortsverein Mainz
Altenauergasse 1
55116 Mainz
Telefon: 0 61 31/22 11 17
Telefax: 0 61 31/22 47 30
info@drkovmainz.de
www.drk-mainz.org und
www.zentralarchiv.info

Archivierung von Patientenverfügung, Vorsorgevollmacht und Betreuungsverfügung im Original, Gebühr: einmalig 60 Euro

Humanistischer Verband Deutschlands
Bundeszentralstelle
Patientenverfügung
Wallstraße 65
10179 Berlin
Telefon: 0 30/61 39 04-11 oder -12
Telefax: 0 30/61 39 04-36
mail@patientenverfuegung.de
www.patientenverfuegung.de

Hilfestellung beim Verfassen von Patientenverfügungen, Kosten nach Aufwand: 36 – 120 Euro, Hinterlegung und Notfallpass nur für (Förder-) Mitglieder: 20 Euro

Deutsche Verfügungszentrale AG
Verfügungsdatenbank
Königstraße 5 a
01097 Dresden
Info-Hotline: 018 05/16 15 16
(0,14 €/Min. aus dem deutschen Festnetz, abweichender Mobilfunktarif),
Telefax: 03 51/811-74 45
info@dvzag.de
www.dvzag.de und
www.verfuegungszentrale.org

Muster für diverse Verfügungen und Vollmachten, Registrierung in Online-Datenbank und Hinterlegung der Verfügungen im Original ab 10,50 Euro pro Vierteljahr, einmalige Aufnahmegebühr: 10 Euro

Bundesnotarkammer – Zentrales Vorsorgeregister
Postanschrift: Postfach 08 01 51, 10001 Berlin
Hausanschrift: Kronenstraße 42
10117 Berlin
Telefon: 0 800/35 50 500
info@vorsorgeregister.de
www.vorsorgeregister.de

Registrierung von Vorsorgevollmachten in Online-Datenbank (keine Hinterlegung), je nach Aufwand gestaffelte Gebühren, ab 13 Euro

Weitere Informationen

Bundesarbeitsgemeinschaft SELBSTHILFE von Menschen mit Behinderung und chronischer Erkrankung und ihren Angehörigen (BAG SELBSTHILFE) e. V.
Kirchfeldstraße 149
40215 Düsseldorf
Telefon: 02 11/3 10 06-0
Telefax: 02 11/3 10 06-48
info@bag-selbsthilfe.de
www.bag-selbsthilfe.de

Bundeszentrale für gesundheitliche Aufklärung
Maarweg 149–161
50825 Köln
Telefon: 02 21/89 92-0
Telefax: 02 21/89 92-300
poststelle@bzga.de
www.bzga.de

Organspendeausweis online ausfüllen oder kostenlos bestellen:
BZgA, 51101 Köln
Info-Telefon Organspende:
08 00/90 40 400
(kostenlos; Montag bis Freitag von 9 bis 18 Uhr)
www.organspende-info.de

Deutsche Alzheimer Gesellschaft e. V.
Selbsthilfe Demenz
Friedrichstraße 236
10969 Berlin
Telefon: 0 30/25 93 79 5-0,
Telefax: 0 30/25 93 79 5-29
info@deutsche-alzheimer.de
www.deutsche-alzheimer.de

Alzheimer-Telefon: 0 18 03/17 10 17 (0,09 €/Min. aus dem deutschen Festnetz) oder: 0 30/2 59 37 95-14: Montag bis Donnerstag von 9 bis 18 Uhr, Freitag von 9 bis 15 Uhr

Deutsche Gesellschaft für Palliativmedizin e. V.
Aachener Straße 5
10713 Berlin
Telefon: 0 30/81 82 68 85
Telefax: 0 30/81 82 67 76
dgp@dgpalliativmedizin.de
www.dgpalliativmedizin.de

Adressen Verbraucherzentralen

Verbraucherzentrale Baden-Württemberg e. V.
Paulinenstraße 47
70178 Stuttgart
Telefon: 07 11/66 91-10
Telefax: 07 11/66 91-50
www.vz-bawue.de

Verbraucherzentrale Bayern e. V.
Mozartstraße 9
80336 München
Telefon: 0 89/5 39 87-0
Telefax: 0 89/53 75 53
www.vz-bayern.de

Verbraucherzentrale Berlin e. V.
Hardenbergplatz 2
10623 Berlin
Telefon: 0 30/2 14 85-0
Telefax: 0 30/2 11 72 01
www.vz-berlin.de

Verbraucherzentrale Brandenburg e. V.
Babelsberger Straße 12
14473 Potsdam
Telefon: 03 31/2 98 71-0
Telefax: 03 31/2 98 71-77
www.vzb.de

Verbraucherzentrale des Landes Bremen e. V.
Altenweg 4
28195 Bremen
Telefon: 04 21/1 60 77-7
Telefax: 04 21/1 60 77 80
www.verbraucherzentrale-bremen.de

Verbraucherzentrale Hamburg e. V.
Kirchenallee 22
20099 Hamburg
Telefon: 0 40/2 48 32-0
Telefax: 0 40/2 48 32-290
www.vzhh.de

Verbraucherzentrale Hessen e. V.
Große Friedberger Straße 13–17
60313 Frankfurt/Main
Telefon: 0 69/97 20 10-900
Telefax: 0 69/97 20 10-40
www.verbraucherzentrale-hessen.de

Verbraucherzentrale Mecklenburg-Vorpommern e. V.
Strandstraße 98
18055 Rostock
Telefon: 03 81/2 08 70 50
Telefax: 03 81/2 08 70 30
www.nvzmv.de

Verbraucherzentrale Niedersachsen e. V.
Herrenstraße 14
30159 Hannover
Telefon: 05 11/ 9 11 96-0
Telefax: 05 11/9 11 96-10
www.vz-niedersachsen.de

Verbraucherzentrale Nordrhein-Westfalen e. V.
Mintropstraße 27
40215 Düsseldorf
Telefon: 02 11/38 09-0
Telefax: 02 11/38 09-172
www.vz-nrw.de

Verbraucherzentrale Rheinland-Pfalz e. V.
Seppel-Glückert-Passage 10
55116 Mainz
Telefon: 0 61 31/28 48-0
Telefax: 0 61 31/28 48-66
www.vz-rlp.de

Verbraucherzentrale Saarland e. V.
Trierer Straße 22
66111 Saarbrücken
Telefon: 06 81/5 88 09-0
Telefax: 06 81/5 88 09-22
www.vz-saar.de

Verbraucherzentrale Sachsen e. V.
Katharinenstraße 17
04109 Leipzig
Telefon: 03 41/69 62 90
Telefax: 03 41/6 89 28 26
www.vzs.de

Verbraucherzentrale Sachsen-Anhalt e. V.
Steinbockgasse 1
06108 Halle
Telefon: 03 45/2 98 03-29
Telefax: 03 45/2 98 03-26
www.vzsa.de

Verbraucherzentrale Schleswig-Holstein e. V.
Andreas-Gayk-Straße 15
24103 Kiel
Telefon: 04 31/5 90 99-0
Telefax: 04 31/5 90 99-77
www.verbraucherzentrale-sh.de

Verbraucherzentrale Thüringen e. V.
Eugen-Richter-Straße 45
99085 Erfurt
Telefon: 03 61/5 55 14-0
Telefax: 03 61/5 55 14-40
www.vzth.de

Verbraucherzentrale Bundesverband e. V.
Markgrafenstraße 66
10969 Berlin
Telefon: 0 30/2 58 00-0
Telefax: 0 30/2 58 00-5 18
www.vzbv.de

Weitere Verbraucherschutzorganisationen

Stiftung Warentest
Lützowplatz 11–13
10785 Berlin
Telefon: 0 30/26 31-0
Telefax: 0 30/26 31-27 27
www.stiftung-warentest.de

Die VERBRAUCHER INITIATIVE e. V.
Elsenstraße 106
12435 Berlin
Telefon: 0 30/53 60 73-3
Telefax: 0 30/53 60 73-45
www.verbraucher.org

Stichwortverzeichnis

A

Abbruch lebenserhaltender Maßnahmen 30, 94
Abbruch lebensverlängernder Maßnahmen 96, 103, 125
Archiv 44
ärztliche Schweigepflicht 58
Aufbewahrung 43, 70, 89
Auflösung des Haushalts 67
Aufwandsentschädigung 51, 89

B

Bankvollmacht 62, 98
Beatmung, künstliche 16 f., 30
Bedingungen 66
Beglaubigung 9, 23, 54
Berichtspflicht 84
Beruhigungsmittel 58
Bestandsaufnahme 50
Betreuer 18 ff.
Betreuungsbehörde 23
Betreuungsgericht 23, 31, 59f., 79 ff.
Betreuungskosten 89 f.
Betreuungsverein 23 f.
Beurkundung, notarielle 55
Bevollmächtigter 47 ff., 76 ff.

C

Checkliste 74 ff.

D

Demenz 14, 31, 37, 41
Dialyse 16

E

Ehepartner 45, 72
Eilfälle 57
elektronisches Register 71
Erben 50, 62, 84

F

Formular 140
freiheitsentziehende und -beschränkende Maßnahmen 57 f.

G

gerichtliche Genehmigung 83
Geschäftsfähigkeit 19, 54 f.
Geschenke 61, 67, 86
Gesundheitsangelegenheiten 18, 56
Gesundheitssorge 19

H

Haftpflichtversicherung 69, 84
Haftung 50, 68
Haftungsausschluss 68
Heim 802, 86, 90, 96 f.
Hinweiskarte 21, hinterer Umschlag

I

Innenverhältnis 46 ff.
In-sich-Geschäfte 50, 61

K

Koma 12 f., 64
Kontrollbetreuer 19
Kontrolle 11, 19, 83
Kopien 21, 49, 73
Kosten der Betreuung 89 f.
Kündigungsfrist 52
künstliche Beatmung 16, 30, 105
künstliche Ernährung 13, 33, 104

L

Lebensverlängernde Maßnahmen 96

M

Magensonde 30, 32f.

medizinische Behandlung 98
mehrere Bevollmächtigte 48, 66, 117
Morphin 36
Mustervordrucke 39, 53
mutmaßlicher Wille 58

N

Notar 19, 38, 54
notarielle Beurkundung 19,55, 81

O

Organspendeausweis 85, 108, 128
Organtransplantation 95
Originale 70 ff.

P

Patiententestament 16
PEG 13, 33 ff.
Pflege 40, 67, 85, 96
Pflegeheim 43, 85 f.

R

Rechenschaft 49 f., 69, 83
Rechtsanwalt 24 f.

S

Schadenersatz 49, 84
Schmerzbehandlung 105
Schmerzen 28, 36
Schriftlichkeit 37
Schweigepflicht 58, 94
schwerwiegende medizinische Eingriffe 57
Selbstbestimmungsrecht 39, 43
Selbsttötung 8, 32
Sorgerechtsverfügung 63 ff.
Sterbehilfe 8, 30
Sterben 91 ff., 107
Suizid 8, 32

T

Testament 16, 62 f.

U

Unterschrift 19, 37, 54, 73, 81
Untervollmacht 56

V

Vereinbarung im Innenverhältnis 46 ff., 65 ff.
Verfahren zur Einrichtung der Betreuung 85
Vergütung 89
Vollbesitz geistiger Kräfte 20, 37, 75
Volljährige 37
Vollmacht 19, 52
Vorsorgevollmacht 45 ff., 130 ff.

W

Wachkoma 8, 31, 41
Wahlrecht 87
widerrufen 38
Wiederbelebung 104
Wohnrecht 86
Wunschbetreuer 81 f.
Wünsche, Werte und Vorstellungen 21, 48

Pflege zu Hause organisieren

Mehr als zwei Drittel aller pflegebedürftigen Menschen in Deutschland werden zu Hause versorgt. Angehörige organisieren die Pflege, kümmern sich um finanzielle Fragen, engagieren Pflegedienste. In dieser Situation sind gute Informationen gefragt.

- Welche Leistungen stehen Pflegebedürftigen zu?
- Was sind Hilfsmittel und wie kommt man an sie heran?
- Wie lässt sich die Wohnung umgestalten?
- Welche Aufgaben dürfen Angehörige übernehmen?
- Wer hilft bei der Pflege?

1. Auflage 2013, 208 Seiten, 9,90 €,
978-3-86336-023-8

Erhältlich bei den Verbraucherzentralen und im Buchhandel.
www.vz-ratgeber.de

Pflegefall – was tun?

Dieser Ratgeber richtet sich an Angehörige, die mit einem Pflegefall konfrontiert sind, und erläutert in zehn Schritten, wie man zur guten Pflege kommt. Wie stellt man den Antrag bei der Pflegekasse? Die Frage-Antwort-Struktur ermöglicht einen schnellen Einstieg ins Thema.

- Wie stellt man den Antrag bei der Pflegekasse?
- Was steht Pflegebedürftigen zu?
- Wie beantragt man eine Pflegestufe und wo finden Angehörige Hilfe?
- Wie finde ich ein gutes Pflegeheim, einen guten Pflegedienst?
- Welche Rechte haben Heimbewohner?
- Was sind Ersatz-, Tages- und Nachtpflege?
- Wann zahlt die Pflegekasse, welche Kosten übernimmt die Krankenkasse?
- Wie hilft das Sozialamt?

1. Auflage 2012, 144 Seiten, 8,90 €, 978-3-86336-402-1

Erhältlich bei den Verbraucherzentralen und im Buchhandel.
www.vz-ratgeber.de

Clever umbauen

Wer auch im Alter in den eigenen vier Wänden wohnen bleiben will, sollte rechtzeitig barrierefrei umbauen. Für mehr Komfort, weniger Barrieren und weniger Energieverbrauch. Weil die meisten Häuser und Wohnungen jedoch nicht barrierefrei sind, entwickelt sich hier ein riesiger Markt. Der clevere Umbau kann sehr gut gelingen, wenn man die richtigen Entscheidungen trifft.

- Warum überhaupt umbauen? Die persönliche Situation
- Bauwissen kompakt für Außen- und Innenbereiche
- Clevere Umbauideen vom Keller bis zum Dachgeschoss
- Rechenbeispiele: Was kostet welcher Umbau?
- Rechtliche Voraussetzungen für Umbauten, Experten für den Umbau, Förderprogramme

1. Auflage 2014, 184 Seiten, 19,90 €, 978-3-86336-041-2

Erhältlich bei den Verbraucherzentralen und im Buchhandel.
www.vz-ratgeber.de

Impressum

Verbraucherzentrale Nordrhein-Westfalen e. V.
Mintropstraße 27, 40215 Düsseldorf
Telefon: 02 11/38 09-555
Telefax: 02 11/38 09-235
E-Mail: ratgeber@vz-nrw.de
www.vz-nrw.de

Verbraucherzentrale Baden-Württemberg e. V.
Verbraucherzentrale Hamburg e. V.
(Adressen ···› Seite 164 f.)

Diese Publikation erscheint im Rahmen der Verlagsgemeinschaft Stiftung Warentest und Verbraucherzentrale Nordrhein-Westfalen e. V.

Text	Heike Nordmann, RA Wolfgang Schuldzinski
Lektorat	Wibke Westerfeld
Korrektorat	Hartmut Schönfuß, Berlin
Layout und Produktion	Ute Lübbeke, LNT-design.de, Köln
Fotos	Titel: Corbis; Innen: shotshop.com: Robert Kneschke, Erwin Wodicka, Frank Röder, Neil Bernstein, Franz Pfluegl, ChrisW, Matthias Ropel, marcus Bei den abgebildeten Personen handelt es sich um Modelle, die nur zu Illustrationszwecken gezeigt werden.
Druck	CPI books, Leck Gedruckt auf 100 % Recyclingpapier

Redaktionsschluss: Januar 2016

Noch Fragen?

Die Beratung der Verbraucherzentralen

Die Experten der Verbraucherzentrale beraten Sie individuell, kompetent und unabhängig – unter anderem zu folgenden Themen:

- Energie
- Recht
- Geld und Kredit
- Immobilienfinanzierung
- Versicherungen
- Gesundheit und Pflege
- Medien und Telekommunikation

www. Alle Informationen über eine persönliche Beratung erhalten Sie unter www.verbraucherzentrale.de oder in Ihrer Beratungsstelle.